向上社交

[美] 帕特里克·金 著　潘文君 译

Conversation Tactics

科学技术文献出版社
SCIENTIFIC AND TECHNICAL DOCUMENTATION PRESS
·北京·

图书在版编目(CIP)数据

向上社交 / (美) 帕特里克·金 (Patrick King) 著; 潘文君译. —北京: 科学技术文献出版社, 2022.5 (2025.1重印)

书名原文: Conversation Tactics: 43 Verbal Strategies to Charm, Captivate, Banter and Defend

ISBN 978-7-5189-9000-9

Ⅰ.①向… Ⅱ.①帕… ②潘… Ⅲ.①社会交往—通俗读物 Ⅳ.①C912.3-49

中国版本图书馆CIP数据核字(2022)第054592号

著作权合同登记号　图字: 01-2023-5223

Copyright © 2019 by Patrick King
Simplified Chinese translation rights arranged with Patrick King through TLL Literary Agency

向上社交

责任编辑: 吕海茹　特约编辑: 丁旭　责任校对: 张微　责任出版: 张志平

出 版 者	科学技术文献出版社
地　　址	北京市复兴路15号　邮编 100038
编 务 部	(010) 58882938, 58882087 (传真)
发 行 部	(010) 58882868, 58882870 (传真)
邮 购 部	(010) 58882873
官方网址	www.stdp.com.cn
发 行 者	科学技术文献出版社发行　全国各地新华书店经销
印 刷 者	唐山富达印务有限公司
版　　次	2022年5月第1版　2025年1月第13次印刷
开　　本	880×1230　1/32
字　　数	140千
印　　张	7
书　　号	ISBN 978-7-5189-9000-9
定　　价	49.80元

版权所有　违法必究

购买本社图书, 凡字迹不清、缺页、倒页、脱页者, 本社发行部负责调换

序 言

我是史蒂夫·斯科特，是《华尔街日报》的一名畅销书作家。有时候人们也称我为"习惯小子"（The Habits Guy）。我认识帕特里克有一段时间了，让我们变得亲密无间的，不仅是因为对去新西兰霍比屯①旅行（不知何时才能成行）的那份狂热，也不仅是因为我们对于超级马拉松的共同爱好。

几封偶然的邮件往来后，我们很快成了朋友，他对我充满了热情和好奇，我们一见如故。他是怎么办到的呢？

---

① 霍比屯：新西兰旅游胜地，电影《指环王》取景地。

出于好奇，我买了他写的一本书，然后很快找到了答案。对不太了解他的人，我先简单介绍一下：帕特里克是一位教授社交技巧和沟通技巧的专家，同时，他也将这方面的内容写成书。我发现他的教学实践非常有效，因为我从书中读到的一些技巧，正是他在与我建立友好关系时所使用的。显然，这些技巧非常成功。这本书将许多类似的场景浓缩成一条条简明易懂的方法。如果你想知道如何与任何人都聊得来，如何在社交场合中游刃有余，这本书就能给你答案。

帕特里克曾对我说，有一位客户对如何与他心动的女性聊天感到非常头疼。然而，在帕特里克对他的指导快结束的时候，他已经几乎可以和任何人畅谈无阻了，甚至还交到了八年以来的第一个女朋友。方法有没有用，试一试就知道了。

这不是那种常见的让你在谈话时保持眼神交流的书，也没有那些老掉牙的建议，比如让你把谈话归集到"FORD"话题上——家庭（F）、工作（O）、休闲（R）以及梦想（D）。这是一本将谈话技巧进行拆解剖析的实用工具书，也是一本沟通知识大全，也许能让你交到一个新朋友，或是挽救一段旧感情。

我百分百支持帕特里克，不是因为我们是朋友，而是因为，他是一位能将理论知识与教学实践相结合的人。

——史蒂夫·斯科特

畅销书《堆叠习惯》（*Habit Stacking*）作者
www.developgoodhabits.com 网站负责人

前言

生活中总有一些人会让你不爽,也总有人看你不顺眼。有些人喜欢棒球,讨厌足球,而对于他们来说,你就像足球一样。讨厌你没什么特别的理由,只是出于本能的负面感受罢了。

言归正传,我小时候的对手名叫凯尔。也许每个人的身边都有一个像凯尔那样的人。

我是凯尔的"眼中钉"。他好像对我说的每句话都不满意,都要提出反对意见,他还会向所有愿意听的人控诉我错得有多离谱,然后事无巨细地解释所有我所不了解的事。糟糕的是,我们有一群共同的朋友,所以我们被迫经常来往。我的呼吸、我的存在不断地冒犯着他,于是我们就像老夫老妻一样争吵不断。

我们最激烈的一次争吵是在一次集体独木舟旅行后，对于去哪里吃饭，我们产生了分歧，并像往常一样发生了争吵，但这次，他使用了一些卑鄙的手段，让我不知道该如何反驳。他莫名其妙地给我贴上了自私和不关心集体的标签。不用说，我愣住了，在那场争论中落了败，然后大家去了他选择的那家餐厅。

直到今天，我依旧不确定那时他是否就是针对我、无论我怎么做都得不到他的认可。但是经过这些年，我已经学会了如何与他打交道，并最终和他成了朋友。你也许已经猜到了，我正是利用了这本书中的沟通技巧缓和了我和凯尔的关系。

我究竟是怎么做到的？第一步是学会让他接纳我、理解我。这意味着我要用他的说话方式，理解他的观点，并以一种切实可行的方法表达出我对他的尊重。这些事情你可能认为自己已经在做了，但只有一点点意识和努力是不够的。

接下来，我需要拉近我们的关系。虽然我们经常吵架，但我们对彼此真的不是很了解。如果我能走进他的内心，也许就能理解他为何对我总是不满，这样的认知非常宝贵。谈话时能够让他人感到被认可、被倾听是加深友谊的捷径，如果你的语言特别幽默，那么效果会更好。

最后，我学会了为自己辩护，让自己免受他那些指责的伤害。那些指责与议题无关，还往往站不住脚。这么做能确保别人重视我说的话，不会利用我，还使凯尔更加尊重我，并学会了三思而后行。

如今，我已经知道了如何把一个死敌变成一个好朋友，而这其中的原理可以广泛地应用在你想建立联系的人抑或是你得防备的人身上。我把熟人变成了盟友，把好朋友变成了最好的朋友。这并不是说我有超强的吸引力——事实恰恰相反。我更像是一个旁观者，研究着人们对彼此说了些什么话，以及他们接下来的反应。一旦你意识到谈话在一定程度上有公式可循，并且可以预测，你就可以清楚地知道应该如何与他人交谈来获得你想要的结果。

这本书讲的技巧和策略相当实用，能让你在交谈中如鱼得水，更加讨人喜欢。这些技巧和策略不止能改善谈话，还能让你变得与众不同，你将在这里学到身处核心圈内和核心圈外的区别。

人们普遍认为，学会有效地争辩和为自己辩护的技巧最为重要。毕竟，并不是你遇到的每一个人都能对你友善，即使是每天都能碰面的熟人也不一定。因此，学会坚持自己的立场，挺住自己的威风，是谈话策略的重要组成部分。如果你曾经觉得自己是一个受气包，那么改变就从这里开始吧。

我知道，有人会质疑，运用谈话策略会让人觉得你是那种动机不纯的人。那种人操纵他人，装出一副虚伪的面孔，只是不顾一切地为了让别人喜欢他们。的确，谈话策略可以用来达到这样的目的，但它并不只是为了得到某种回应的手段。它就像电视节目中的背景音乐。当音乐响起的时候，你可能意识不到情节在顺利推进，而友谊就这样自然而然地建立起来了。但如果没有它，你就会（有时马上就会）发现哪里不对劲，而这种别扭的感觉能扼杀一场谈话。

无论如何，欢迎您阅读这本书，谈话中的细节和技巧远比你想象中的更多。

第一章
谈话前的准备

心理上的热身　　　　　004
生理上的热身　　　　　008
谈话简历　　　　　　　014
备用故事　　　　　　　018

第二章
设定谈话基调

像朋友一样说话　　　　033
找到你们的相似之处　　036
假装别人已经回答　　　044

第三章
如何征服听众

生活就是一系列的故事　　052
1∶1∶1法　　　　　　　　057
请别人讲故事　　　　　　060
用故事来打造圈内玩笑　　067

目录

第四章
如何散发魅力

关于赞美	076
带着目的去倾听	080
化敌为友	085
表达赞同的打断	090

第五章
得体地离场

离场心理学	098
成功的离场	104

第六章
化解各种尴尬场合

我能再问一遍你的名字吗？	115
如何接受赞美	119
打破沉默	123
有效地应对干扰	127

目录

第七章
说话时的坏习惯

你的眼中非黑即白	137
你的意见"不请自来"	140
你总是第一个笑出声	143

第八章
如何捍卫你的观点

学会说"不"	152
如何机智反驳	159
勇于承认错误	167
面对被动攻击型的人	170

第九章
合理应对冲突

冲突的最佳处理方法	180
切勿人身攻击	187
一味追求完美	190

散播怀疑的种子　　　　193
澄清式的问题　　　　　197
打倒"稻草人"　　　　　200

后　记
关于演讲和指导

第一章

谈话前的准备

第一章 谈话前的准备

一开始,你可能会对展开一场谈话非常兴奋,很想知道自己能做到什么程度。你充满干劲儿,但很遗憾,这样开始的谈话往往是失败的。这就好比没有盾牌、没有利剑,甚至连马都没有,就只身杀入战场一样。

谈话并不是想到哪儿说到哪儿,或是开一些毫无意义的玩笑。我们中很少有人能够始终稳定地进行谈话,而让谈话能够顺利进行的方法就是事先为谈话做好准备。具体来说,你并不是要为某种特定的谈话做准备,比如工作面试。你是要为自己在一般性的谈话中大放异彩而做准备。这两者之间有着显著的区别。如果你为谈话做了准备,你会发现自己能更容易展现出诙谐的谈吐。

顺便说一下,不要对这个比喻感到困惑——盾牌、利剑和马与你为谈话做准备之间的联系显而易见。因为你不知道什么时候需要(拿出盾牌)辩护什么或者挡开什么,需要(拔出利剑)坚持什么或者改变什么话题,或是跳上你的谚语之马离开那个是非之地。

心理上的热身

谈话前的第一步是做好心理上的准备——这样你就不会在和陌生人见面时手足无措。

"不要和陌生人说话。"当我们还是孩子的时候,我们的父母总是反复强调这句话。的确,小孩子也许很容易上狡猾罪犯的当,这条善意的忠告在那时对我们很有帮助。可作为成年人,我们似乎还保持着不和陌生人说话的习惯。

在公共场合,我们用耳机堵住耳朵,把手机贴在脸上,尽量不与陌生人交流。这个习惯对长大了的我们还有好处吗?如果你想变得更善于交谈、更有魅力的话,这样做显然是不行的,它让我们在与人交往时毫无准备,暴露无遗,就好像我们在寂静的半夜突然遭到伏击。

埃普利(Epley)和施罗德(Schroeder)的一项研究中,将火车和公共汽车上的乘客分成了三组:第一组被要求乘车时与身边的一位陌生人进行交流,第二组被要求保

第一章 谈话前的准备

持独处,第三组则按个人习惯自处。根据预测,每一组的参与者如果只是自己待着的话,都会感觉更好,但试验结果却恰恰相反。在试验结束时,与陌生人进行交流的一组乘客比那些没有交流的人反馈了更为积极的体验。

桑德斯罗姆(Sandstrom)和邓恩(Dunn)的另一项研究揭示出,每天买咖啡时,那些被日常惯例和高效驱动的人们往往失去了变得更快乐的机会。研究发现,微笑着与咖啡师简短交谈的人比那些冷着脸速战速决的人的感受更为积极正面。

这些研究反映了什么呢?主要有两点。第一,我们总是认为,与其与陌生人进行短暂的互动,倒不如自己独处。第二,第一点是错的。与人进行短暂的互动这一简单的行为,会使我们更快乐,更善于社交,也会让我们养成一个习惯,即对任何情境下的交谈都先进行心理预热。

我们需要多和他人进行简短的互动,也就是史蒂芬·亨德尔(Steven Handel)所说的"10秒钟的关系",因为这样的互动可能会让我们更快乐,让我们以积极的心态感受世界。当我们与他人开展真正的交流时,我们会减轻自己的孤立感,敞开心扉,用全新的视角看待事物。当这段交流结束时，不仅我们的心灵会变得更加充实，我们的眼界也会变得更加开阔，我们的思想也会因为对我们所生活的世界有了更多的了解而变得更加丰富。

当然，尽管我们现在可能已经认识到了简短互动的好处，但对于我们这些社交菜鸟来说，与一个完全陌生的人开始聊天这一想法，听上去毫无吸引力，甚至令人反感。我们觉得自己无法胜任那种高端的社交活动，因此我们宁愿选择独处时的孤独。我们该如何应对这种情况，并为自己与他人进行日常互动做好准备呢？我们该如何养成对人产生兴趣的习惯，并建立足够的社交信心，从而将这种兴趣转化为有意义的交流呢？

答案就是让交流保持简短并持之以恒。每天你都会遇到不少机会去适应交流，并建立起社交自信。当这些机会出现的时候，抓住它们，并把交流控制在10秒钟之内——不要多，也不要少。这么做可以降低完成的门槛，无论你走到哪里，都能找到机会。

打个比方，一个平常的日子里，你正在去上班的路上，身边或多或少会出现一些陌生人——在街上擦肩而过的人，在通勤车中坐在一起的人，或是一同搭乘电梯的人。至少和其中一个人打招呼说声"早上好"，然后加上一句称赞"你的外套真好看,这个布料看上去很舒服",聊一句天气"今天的天空万里无云啊"或"看起来雨快要停了",或者问一个问题"我看到你在读约翰·格里森姆①(John Grisham)的书。你最喜欢他的哪本小说?"

午餐时,你会一个人窝在办公桌前吃吗?试着在午饭时间到那些有公共座位的地方吧,比如你办公室的茶水间,或是附近的野餐区。坐在一个你总能在办公楼里见到却从来没有机会交谈的同事旁边,用询问公司最近的项目来开始对话吧:"我听说你们部门开始了一项新的研究,进展得怎么样了?"

最后,当你在回家的路上逛超市时,和与你在同一个货架前、仔细挑选着商品的顾客聊聊:"我在网上的菜谱里看到了这种酱。你试过用它做饭吗?"在收银台,微笑着和收银员打个招呼:"今天上班还顺利吗?"

设定一个每天与陌生人互动10秒钟的小目标。这将让你为开展日常谈话做好热身,养成对他人感兴趣的习惯,并增强你的社交自信。

---

① 约翰·格里森姆:美国畅销小说作家。

当你养成了与他人进行短暂互动的习惯,你就会开始真正地把他们作为一个生动的人看待——他们过着丰富多彩的生活,而不仅仅是毫无选择只能被动接受的工具人。你会变得更外向,为谈话随时做好准备,而这并不是因为别人希望你这样做,而是因为交流最终会赋予生活更多的意义。

生理上的热身

进行心理上的准备,使其成为一种日常的状态,是谈话前准备工作的重要部分,但身体的准备也同样重要。

如果想要发挥出自己最佳的水平,不管是体育比赛还是学术竞赛,我们总要进行一些热身活动。你需要让你的身体和意识达到你想要的表现,这一点可以说是常识。你也许会惊讶地发现,如果你能更好地使用你的嗓子,让它保持在一个好的状态，那么你立刻就会变得魅力四射。回想一下你在学校课堂上走神时，老师突然叫到了你，你得花 5 秒钟时间清嗓子，然而因为你没有准备好，所以听起来仍然很怯弱、尴尬。这就是我们想要消除的状态，同时也想给你注入一份自信。

为了提高你的谈话技巧，你只需要做一件我们生活中几乎每天都在做的事情：大声朗读。

听上去很简单，但因为你现在有了目的性，所以我所说的大声朗读和你之前进行过的任何大声朗读都不一样。以防版权争议，我节选了公版书《绿野仙踪》里的一段文字。如果你对这本书不感兴趣，你可以随意挑选自己喜欢的文字，只要确保里面包含了丰富的情绪，最好还有不同角色的对话就行。我们来看一下：

多萝茜和伙伴们翻过瓷墙，看见前面到处都是沼泽，长满了又高又密的杂草，真是一个令人讨厌的地方。走路时总会陷进烂泥坑里，因为草实在太茂密了，他们根本看不清楚。

幸好他们一路小心翼翼地尽量避开沼泽，最后总算安全地踏上了坚实的路面。但是这里的旷野似乎比之前的更荒凉了。他们在荒草丛中艰难地前进，走了好久，又进入了另一片森林。这里的树木比以往看到过的任何树都要更粗壮、更古老。

"待在这片森林里肯定很舒服。"狮子高兴地打量着四周,"我从没见过比这儿更美的地方。"

"但看起来阴森森的。"稻草人说。

"哪有。"狮子说,"我就是一辈子生活在这里也愿意。你看,脚下的干树叶多软啊,老树上爬的青苔又厚又绿。能以这里为家的野兽是多么幸运。"

"这森林里恐怕有野兽出没吧。"多萝茜说。

"我觉得应该有。"狮子回答道,"但我暂时一只都没看到。"

他们在森林里一直走着,直到天色暗到再也没法继续前进。多萝茜、托托和狮子躺下来休息,稻草人和铁皮人像往常一样,在他们身边守护着他们。

看起来很容易,对吧?来,试着自己大声朗读出上面的选段。不要觉得不好意思。如果你真的读了,就会发现,只要稍微使用声带一段时间,你就已经完成了热身,并且能更好地继续说话和交谈。但这只是个开始。现在我来说一下要求。

第一章 谈话前的准备

假设你是在给一群二年级的小学生大声朗读这段节选。朗读的时候，要像你正在一场比赛中进行表演一样，而评判的标准则是表演者有多富有感情和多滑稽。或者假设你是一部电影预告片的配音演员，你只能用自己的声音来表达千变万化的情绪。越夸张越好——当然了，也不必一开始就这样。

把你能表现出的每一种情绪都夸张十倍。有时尖声惊叫，有时轻声细语。用不同的滑稽嗓音来扮演不同的角色。把所有笑声都变成狂笑不止，让所有愤怒都变成勃然大怒，将所有开心都变成欣喜若狂——你懂我的意思就行。那么，你在这段节选中看到了哪些情绪呢？虽然篇幅很短，但也有着情绪上的高潮和低谷。用声音造就情绪，让它们听起来高潮迭起，从而扩展你的情绪范围。

注意听听你的音调。你习惯使用单音调吗？有没有人能够通过听你说话，就能知道这个角色或叙述者在想什么或试图表达什么？用这个选段来练习拓宽你声音上的表现力——努力呈现出情绪的多样性。按照以上这些新要求，再来试一次。

是不是听起来有点不同了？我对你还有一些要求：注意你的措辞和吐字。从某种意义上说，你实际上是在对你的舌头进行热身,这样当你和别人说话时就不会结结巴巴、吞吞吐吐。这也是要选择含有对话的段落进行热身的另一个原因——你所读的文本越是多样化,你的"热身运动"就会做得越好。如果你喜欢喃喃自语、嘟嘟囔囔,赶快戒掉这个习惯,确保自己的吐字发音一清二楚。

留意一下你的呼吸。大声朗读时你会感觉像跑步那样上气不接下气吗?这是因为你的横膈膜很弱,不能自如地通过它的上升和下降控制气息。这就是演唱者把手放在胃部的原因——为了检查自己的横膈膜是否被调动起来了。尝试摸一下,确保你的胃部是紧绷的。

这么做的目的实际上是为你说的话注入力量。那些说话时不懂得控制横膈膜的人,声音往往软弱无力。你的声音越有表现力,那么你能表达的情绪范围就越广。

影响你说话方式的另一个关键因素是你的语速,也就是你说话的速度。你的语速能帮助你,也能破坏你想说的内容。语速本身就能暗示一种情绪,比如说,当你阐述一个重要的观点时,你应该放慢语速,让别人能感受到其中的力量。如果你的语速用错了或是全盘混乱,你要表达的很多东西就容易被遗忘、被混淆、被误解。

此外，停顿和语言一样，也能表达很多信息。

你准备好再读一遍选段了吗？请务必按照刚才我说的所有要求来进行。现在，将你朗读第三遍的版本与你在没有任何指导的情况下完成的第一遍的版本进行比较，这就是热身和不热身的区别，而且第一遍的版本很可能就是你在绝大多数时候的表现。希望这足以说明热身的重要性。

这么做还有个额外的好处，就是当你觉得自己像个傻瓜、太过夸张的时候，你实际上是在拓展自己在情绪和声音表达方面的极限。从你的舒适区走出来，这个行为让你即使是在私下里，也能不断尝试，让你的声音更有表现力，听起来更自信。这一切都是因为大声朗读吗？没错！只要你带着目的性、有章法地来做就行！

谈话简历

本章前面所谈到的关于谈话前准备的要点，都是围绕着你的心理和生理展开的。换句话说，想要马上落实行动，进行愉快的交谈，你必须想办法让自己进入那样的状态。然而，咱们还没谈到具体要说什么，不是吗？而这正是我们接下来需要探讨的内容。

就像前面所提到的，谈话时并不总是能敏捷果断地做出临场反应。这是一种可训练的、全然不同的技能；但对于日常来说，更简单、实用的方法是为自己创建一份谈话简历，你几乎可以在每次谈话时调用这份简历。

当你正处于一场激烈的谈话中，尴尬的沉默却突然来袭，这时，我们也许会非常紧张，然后大脑陷入一片空白。我们试图做出回应，但脑子怎么也不听使唤。这时候，一份谈话简历就可以雪中送炭，因为它是一份你对自己带注释的概述。这份简洁的列表列出了你最有趣的故事、你重要的成就、你独特的经历，以及你对重大热点问题的看法。你可以将自己最好的部分准备就绪，以待随时取用。

它与你在求职面试中所使用的简历别无二致——但它的目的却截然不同。了解自己谈话的要点,并进行演练,在需要的时候随时拿出来用。就像在求职面试中一样,手握这份简历可以让你展示出你最想展现的自己。

事先准备好这些要点貌似没什么意义,但想象一下,在求职面试中,当你不得不慌慌张张地想出一个答案,而且明知这个答案只是泛泛而谈或者毫无亮点时,随之而来的沉默该有多痛苦。这就好比当有人问"你上周末做了什么",你是能说出一个很棒的答案或者一段有趣的经历,还是只能回答:"哦,没干什么,看看电视罢了。你呢?"再换句话说,我们中有几个人能够迅速流畅地回答"说说你的经历吧"这个问题呢?谈话简历能让你提醒自己不是一个无趣的人,人们应该有理由对你产生兴趣。

对你的谈话简历进行不断的改进和更新,可以让你从尴尬的沉默中解脱出来,并使你与他人的交往变得更容易。现在让你立即想出答案可能有点困难,但是想象一下,没有旁人盯着你、等着你回答的压力的话,想好怎么回答会容易得多。正是这种痛苦的心路历程才能帮助你在真正谈话时取得成功。你在这份简历上写的东西并不一定每天都会聊到,但你琢磨得越多,它使用的机会就会越多,你也会显得越发有魅力。

你的谈话简历应包含以下四个部分,每隔几周把它们更新一次就可以了。你可能从来没有想过要回答这些问题中的任何一个,所以认为它们是肯定不会出现在你的谈话中的,请你千万不要这样想!

日常生活

上周末你做了什么?有什么亮点吗?
你这周/天过得怎么样?有什么亮点吗?
你的家人/伴侣近来如何?有什么亮点吗?
你的工作怎么样?有什么亮点吗?

个人情况

你有什么兴趣爱好?有什么亮点吗?
工作之外,你最喜欢做什么呢?有什么亮点吗?
你来自什么地方?有什么亮点吗?

你在现居地住了多久？有什么亮点吗？

你在哪里上的学？参加过什么活动？有什么亮点吗？

你的工作是什么？有什么亮点吗？

高光时刻

你最独特的五个人生经历是什么？

你个人最重大的五个成就是什么？

说出你的十个特长，即你比一般人做得更好的事，不论大小。

说出你在过去的五年中去过的十个地方。

说出你最近参加的五次社交活动。

说出你生活中不能没有的十个东西——别只看字面意思，这个问题想问的是你所在乎的东西。

近期情况

本周以及本月最热门的五件事是什么？了解下基本情况，然后形成自己的观点和立场。

你在上周遇到了哪四件有趣的事？要能将它们概括为简短的故事。

在过去的一周里，你看到或听到的最有趣的四件事是什么？要能将它们概括为简短的故事。

如果你曾有过大脑一片空白的经历，那么，谈话简历就是解决方法。刚刚，你从自己身上挖掘出了无数的信息，因此你几乎不可能没话可说。在你进入社交密集型场合之前，请记得复习一下这份简历，这样你基本上就能和任何人都搭上话了。

这时你可能会发现，虽然有些人看似脑子转得飞快，但他们可能只是在那一刻想起了更多自己的事情罢了。

备用故事

当你带着一份优秀的谈话简历有备而来，就能回答人们提出的大部分问题。但即便如此，有时谈话依旧不可避免地变得百无聊赖、内容空洞。在你每次谈论自己独特有趣的成就和经历时,你很可能会发现,其实问题和表述都是差不多的。其他人一开始可能会觉得有意思,但时间长了,可能就不这么觉得了。

制作谈话简历的目的是让你听起来很有趣,但如果你自己想要新鲜的信息和观点呢?备用故事可以让一场正在逐渐变得无话可聊的对话重新焕发活力。

"备用故事"是我发明的名称。当你话题枯竭或者想要把谈话引向一个全新的方向时,备用故事就是你的秘密武器了。如果你已经预感到你当前的话题会变得越来越无聊,那么,是时候请出一个备用故事了。你可以在谈话前准备好备用故事,这样你就能把它放在你的口袋里随时待命。实际上,它们与谈话简历的最后一部分很相似,你会发现,它们都引用了外部事件。

一个备用故事有四个不同的组成部分:

承上启下。
故事本身。
你的看法。
询问他人。

一堆理论不如一个实例,所以我们来看个例子。试想一场眼看就要进行不下去的谈话，或是在话题之间出现了令人窒息的冷场。无论哪种情况下，你都不知道该说些什么。

承上启下：哎，你知道我最近听说了什么吗？

故事本身：我的一个女性朋友最近向她的男朋友求婚了，现在他们已经订婚了。

她显然是不想再等下去了，就决定先发制人，也不管什么性别角色了，只想主动去争取自己的幸福。她甚至把戒指和其他一切都准备好了。

你的看法：我一开始听到这件事的时候，我只是觉得"这有什么不可以的？都什么年代了！"我了解他俩，这事也挺符合他们的关系状态。

询问他人：你怎么看这件事呢？你会那样做吗？如果你的另一半这么做了的话，你会有什么反应呢？你也会买戒指吗？

乍一看，这好像只是一个普通的吸引人眼球的故事，其实，它的讲述方式和在最后提出的以供继续探讨的问题，都能激励对话的展开。而且，每个单独的组成部分对于达到这一目的都至关重要。

第一个组成部分是一句承上启下的过渡句。它很短，但它给出了一个简洁又合情合理的过渡，从之前的任意话题转到你的备用故事。你不需要说太多；这段只需要说明你为什么要讲这个故事——因为你最近才听说。不要想太多，不用想"你怎么从一言不发或者上一个话题，一下子开始说起这个？"这样的意见。这就是这个过渡句的效果，直截了当。

第二个组成部分就是故事本身。它并不长，故事细节在这里甚至并没有那么重要。这个故事只阐述了一两个大前提，而且我也没有深入细节，因为这并不是推动对话向前发展的动力。

我引入前提，努力把焦点集中在我想激起的一两种主要情绪上，然后从那儿再继续话题。它很简短，其实大多数教你讲故事的书都把这件事搞得太复杂了，讲个简单故事哪还要套用公式，有个故事就够了，之后的事情才是最重要的。

第三个组成部分是发言者对这件事的意见。对于大多数备用故事来说，你应该提供一个积极的意见；否则，如果对方碰巧不同意你的观点，他们可能会不愿意敞开心扉和你分享。举个例子，如果我说女方向男方求婚是一个糟糕的决定，别的人可能会因为害怕惹恼我或是和我对立，而不会说出他们其实认为这是一个好主意。试着把自己置身事中，分享你的感受就好。

这一部分是让别人敞开心扉的关键，因为你先进行了分享，你把自己变成了靶子。在你先行公开你的立场之后，别人会觉得更安全——这是人类心理学的一个小知识。

第四个也是最后一个组成部分，看上去是一堆空洞的问题，但这团乱麻背后是有理可循的。当你让别人对一件事做一个概括性的评论时，大多数人都会觉得很为难，因为这个问题太大、太宽泛了。他们有无数的方向可选，也不确定你究竟是想问什么问题：

"我会不会那样做？你什么意思？想问我会不会求婚吗？你假设我是女人还是男人？我不太明白你在问什么。"

因此，最好是用一系列的问题来结束备用故事。原因在于，当你问出一系列的问题时，你想要的答案会变得清晰，而不同的问题会引起不同人的共鸣。因此，关于你的前三个问题，你的谈话对象可能并不真正理解，要不就是没有什么好说的，但是等听到第四个问题时，他们就会眼前一亮——即使从本质上说，这几个问题其实是换汤不换药的同一个问题。

我之所以知道这种问一系列问题的方法会奏效，是因为当你问出了一个与他们产生共鸣的问题时，你能明显看到他们的脸上开始发光——同样的，即使只是措辞不同的同一个问题。

以上就是一个优秀的备用故事的四个组成部分——再说一遍，这个做法的要义在于你可以提前准备好，将其藏在口袋里，随时应用于你觉得需要在谈话中添枝加叶的时刻。谈话有种特殊的能力，它会吸走我们的自信，因为我们永远不知道会遭遇怎样的挫折和打击。挖掘你生活中的备用故事可以帮助你多建立一些可预见性和安全感。

上面的故事听起来还不错吧？它之所以奏效，是因为它是一个带有普适性主题和问题的人际关系场景——这就意味着基本上所有人都可以对它有自己的看法。

因此，当你在考虑要收集什么样的备用故事时，人际关系问题往往是个不错的选择。其他类似的选题还包括询问人们在某些假设的情况下会怎么做,还有询问他们对道德两难境地的看法(只要这些困境不阴暗、不压抑即可)。你首先要找普适性的主题,因为用这样的选题,你才能确保人们在接下来的讨论中能接得了话;否则,它只会变成你讲述一个有趣事件的单口相声。

看几个例子:

我朋友花300美元吃了顿饭,其中大部分钱都花在了红酒上。那里并不是什么特别的场合,也不是有什么特别的原因。你在什么情况下会花300美元吃一顿饭呢?

我朋友看见他一个朋友的另一半出轨了。他告诉了他的朋友。要是你,你会说吗?

有人为了得到一份心仪的工作,接受了4万美元的降薪。对于你来说,这个底线在哪里呢?

有个人发现自己只有两周的生命了,然后他去了南极。你会觉得这个想法听起来很不错吗,还是你的想法会全然不同呢?

记住,把这些都编进那个在你脑海中突然灵光一闪的故事里,给出你的观点,然后以不同的方式征求对方的意见。

谈话前的准备阶段可以有很多表现形式，有很多方法可以让你从生理上、心理上和实践中做好准备。

本章主要知识点

◎ 高质量的谈话开始于真正的谈话之前,从这个意义上说,有很多事情你可以事先进行准备,从而让自己变得迷人又机智。

◎ 你可以事先进行心理和生理上的热身,为交流做好准备。从心理上讲,就是要进入社交的状态,并且要习惯主动与人互动。这可以通过"10秒钟的关系"法来实现,这种极短时间的谈话训练能让你迅速进入状态。从生理上讲,在谈话前你应该通过大声朗读来热身,记住要夸大情绪的表达和变化。大声读三遍,留意感情投入程度的不同,然后你立马就能看到自己表现出来的不同。

◎ 另一种进行谈话前准备的方法是梳理好你自身的情况和生活,而这可以通过一份谈话简历来完成。这样做的目的是回顾你的过去,找出是什么让你成为一个有趣的人,并确保这些都在你的嘴边,方便你的运用。

◎ 备用故事也有同样的用途。如果你能想出一个由简单的四部分所组成的备用故事（承上启下，故事本身，你的看法，询问他人），你就能从容地进入谈话，并且相信自己能处理任何尴尬的冷场或话题的改变。

第二章

设定谈话基调

第二章　设定谈话基调

大多数人都不会贸然地一头扎进谈话。相反，他们会小心翼翼地先试试水。如果你以前从未见过某个人，你自然会觉得你需要先探探他们的底，了解他们是如何与人交往的，以及你和他们相处时能有多么放松，怎样表现得更得体。

举个例子，还记得上小学的时候，你发现第二天会有一个新老师来代课的情形吗？除非你讨厌平时的老师，否则这对大多数人来说都是一个很可怕的时刻。它的可怕之处在于，你永远不知道这个代课老师会有多么严厉或是多么狠毒，而你得紧张好几天，直到你了解这个代课老师。

第二天一早，假设代课老师以无可挑剔的姿态走进教室，对所有人都称呼"先生"和"小姐"，哪怕你只是个8岁小孩。这就是他们选择定下的基调，而这个基调对你来说显然并不理想。但是，如果代课老师走进来的时候，衣衫不整，趿拉着拖鞋，然后马上用"兄弟"

和"哥们儿"来称呼同学们呢？我并不是说其中一个的表现相对另一个来说有多高明，但是这两位老师很显然都是在设定着某种基调。

在交谈中，人们也会用同样的方式对你进行品评。他们会观察你的举止，并且等待着一个信号，让他们知道在你身边可以更轻松、随意一些。更确切地说，人们想要以更放松、自如的方式进行交谈。知道了这一点，你就懂得给别人定下基调的必要性了。你也许想要等待别人的信号，但这往往会导致一场没有人愿意迈出第一步的懦夫游戏。

简单地说，我们像陌生人一样说话，表现得好像彼此还不是朋友，这阻碍了我们取得谈话上的成功。设定基调意味着要跨越到"我们现在是朋友了"的心态，并以同样的心态来对待他们。

第二章 设定谈话基调

像朋友一样说话

像朋友一样说话,就意味着和任何人谈话,都不要像在社交活动上刚认识他们那样。朋友之间到底是怎么说话的呢?这么问可能会让你觉得我们在钻牛角尖,它们之间究竟有什么区别呢?

几个月前,我进行了今年最有趣的一次谈话,并且你永远也猜不到对方是谁。让我先告诉你究竟为什么这次谈话这么成功。大部分时候都是我在说话,而空气中回响着自己的声音,这种感觉真是相当地令人陶醉。

这并不是因为我的谈话对象对我说了什么特别的话;而是在于她所采取的方法。我的谈话对象根本没有"过滤"机制。这让人耳目一新,因为大多数日常的谈笑都是千篇一律、平淡无奇的。缺少过滤机制的谈话会变得有趣,被情绪所驱动,甚至是有点不合时宜。

当然,最好的话题总是不合时宜的。其实很少有话题真的不合时宜——你只需要用合适的方式去谈论这些话题。

我的谈话对象很直率,不会伪装,也毫不圆滑。她说话总是一针见血,而我为自己的观点所给出的任何借口或辩护都被她驳倒了——其中一些是我"罪"有应得。对自己,我可以找理由,但对她来说却毫无意义。她很直接地说:二加二只能等于四,任何东西都改变不了这个事实。

与一个不会拐弯抹角的人交谈,这着实令人耳目一新。她不怕所谓的约定俗成,也不惮于问一些深奥而又棘手的问题,更不管为了理解这个东西要问多少次"为什么"。这样的人也许经常会掉进一个其他人都可以避免的坑里。因为她得问好几次,别人才能准备好敞开心扉,并回答她的问题。

最后,她对我不装腔作势的同时,我对她也是同样坦诚。没有对高下的论断,一切很明显都是由纯粹的、真正的好奇心所驱使的。这让我觉得脆弱是可以接受的,也让我更愿意分享内心的想法。

你猜对了——我的谈话对象是一个8岁的孩子,我们是在一个熟人的烧烤聚会上认识的。对我们大多数人来说,如果想得太多,我们在对话时就会有问题。我们在脑海中进行分析,试图计划,并且对我们要说的话进行过滤。不管萦绕在我们脑海中的想法有多么激动人心或充满感情，从我们嘴里说出的东西却可能完全是枯燥无味的。我们固守于那些经过检验的且证实安全的话题，我们过滤掉兴奋和好奇，因为我们不想得罪任何人，或是害怕自己出洋相。

小孩子就没有这个问题了，这就是他们所设定的基调。这也是你可以做出的选择。

他们说话时完全不会进行"过滤"，也不懂什么是不合时宜。他们会自然而然地将脑海中浮现出的第一个想法脱口而出。朋友之间也是这么说话的。

花一点时间，试着打开你的记忆库，回想一下自己小时候是如何进行谈话的。你没有过滤机制，你会表露情绪，想到什么就说什么。同时，"随心所欲"并不会给你造成麻烦。

小孩子还没完全形成自我意识，不知道自己什么时候会冒犯到他人。你有没有见过残疾人从孩子眼前经过呢？孩子往往会感到迷惑不解，一个劲地盯着看，但他们不会受到责罚。

他们不会害羞，也敢于不停地提问，哪怕他们提的问题越来越无厘头。他们只是还不懂事，只想要一个满意的答案来满足他们的好奇心。他们不在乎那些"举止得体"的成年人是不是已经被问得心烦意乱。

大多数成年人不愿意主动是因为觉得尴尬，或是害怕让别人感到尴尬。在绝大多数情况下，我们的害怕是毫无道理的。再问一次，这是你和陌生人说话的方式，还是和好朋友说话的方式呢？想要交朋友的话，哪种方式更好呢？

找到你们的相似之处

回想一下最近一次你在社交活动中遇到新朋友的情景。你说的第一个话题是什么呢？很可能就是下列问题之一吧。

你是哪里人？
你认识这里的谁？
你上周末过得怎么样？
你以前是哪个学校的？
你是做什么工作的？

虽然这些都是常见的闲聊问题，但我们本能地问出这些问题并不是因为它们是打破冷场的好问题。事实上，你应该也很清楚，用这些问题来打破冷场，其效果往往很不理想，而且会让人立刻感到厌烦。

我们本能地问出这些问题，实际上是因为我们在寻找共同点。我们是在搜寻"我也是！"这个能够引发更深入讨论的时刻。比如说，如果我们问："你以前是哪个学校的？"我们希望的是他们和我们上的是同一所大学，或是我们有着共同朋友的大学。我们自然而然地问的下一个问题基本上就是："哇，世界真小！你认识詹姆斯·泰勒吗？他和你差不多时候入学。"

虽然你可能没有意识到，但你其实一直在寻找着相似之处，而且相似之处也可以用来为友情、亲密感、舒适感以及坦率度设定基调。这是一种你与朋友之间分享的感觉，也是一种可以瞬间拉近你们之间关系的感觉。

尽管我们希望自己思想开明，与不同背景、不同出身的人都能和谐相处，而实际上我们往往会与自己相似的人相处得最好。更确切地说，我们会把这类人找出来。

这就是唐人街、小意大利①和韩国城这样的地方存在的原因之一。

但我说的不仅仅是种族、肤色、宗教或是性取向。我所说的是那些和我们有共同价值观的人，和我们以同样的方式看待世界的人，以及和我们对事物有同样看法的人。俗话说，物以类聚，人以群分。这是人性中的一种非常普遍的倾向，它根植于我们人类的进化过程之中。走在冻土带或是森林里的时候，你会习惯性地避开那些陌生或奇异的东西，因为它们很有可能想要杀死你。

相似之处能使我们与他人建立更好的关系，因为我们认为，和我们相似的人会比其他人更懂我们。如果我们和他人有一个或多个明显的相似之处，我们就会对他越看越顺眼，因为我们把他们归为己类，从本质上说就是我们自己的延伸。当你认为某个人和你水平相当，你就会想和他建立联系，因为他们可能比大多数人更了解你。

---

① 小意大利：指意大利人聚居的地方。

第二章 设定谈话基调

假设你的出生地是南非的一个小村庄。这个村庄的人口大约是 1000 人。你现在住在伦敦,正在朋友家参加一个聚会。你遇到一个人,他碰巧也来自南非的那个小村庄,他比你大 8 岁,因而你们此前从未相遇。

你会立马对这个人产生怎样温暖的感觉,又会对他做出怎样的假设呢?你有多大的兴趣与他建立联系并在之后共度多少的时间呢?你们能讨论哪些你从未和别人讨论过的、只有你们才会懂的笑话或者暗号呢?

希望这个例子能让你明白相似之处的价值,以及它是如何促进对话上的联系的。

我们通常会用我在本章开头提到的闲聊问题来寻找相似之处,但还有更好、更有效的方法。例如,我们应该不断探寻或者创造相似之处。这既需要付出努力,也需要主动。

我们可以通过询问对方一些探索性的问题来寻找相似之处,并以他们的答案为基础来展示你们之间的相似性,不论这个相似之处有多么微不足道。通过提问来了解对方是什么样的人,他们喜欢什么,以及他们是如何思考的。然后,深入挖掘你自己,找出一些小的共同点,比如最喜欢的棒球队或者最喜欢的酒饮。通过这些小小的共同点，你就能得知他们的喜好，并找到更深层次的共同点，以便迅速建立联系。就像你遇到来自南非同一个小村庄的人会很兴奋一样，遇到一个和你有着相同小众爱好的人，一样会让你很兴奋。

这不需要花上三年五载，也不需要有类似于一起参加过新兵训练营①这样的特殊经历。你只需要跳出自己的局限，懂得人们会有共同的态度、经历和情感——你只需要找到它们。要习惯于发问，然后更深地进行发掘。（一连问上五个问题会不会很奇怪？这理应是件正常的事。）一开始你可能会觉得有点唐突，但找到这些相似之处，就能将它们派上用场！

我们可以通过模仿他人的肢体语言、声调、语速和整体行为举止来创造相似之处。这就是俗称的镜像效应，也曾有实验表明这种效应能产生正向的感受。你只需要让自己从姿势到动作都与对方相像，从而从相似的感觉中获益。

---

① 新兵训练营（boot camp）：新兵成为美国海军陆战队正式成员前，必须先经历著名的 12 周新兵训练。

你可以模仿他们的话语、语调和举止。记住，镜像效应并不单纯意味着要和对方表现得一模一样。相反，重要的是要传递给他们一种信息，即你们价值观相仿，并且有可能建立起更密切的联系。

你可以模仿他们身体上的信号，比如手势、动作和举止。比方说，如果你注意到某人说话时用了很多手势，你也可以这么做。同样地，如果你发现某人经常会斜靠着什么并且双臂交叉，你也应该这样做。

你可以模仿他们的语言表达和声音的表现形式——语调、声音的抑扬顿挫、用词的选择、俚语词句、情绪，以及精气神。

在分享个人信息并吐露一些细节时，你会更容易找到相似之处。

第一种说法：你上个月去滑雪了。

第二种说法：你上个月和你的两个兄弟去滑雪了，你的脚还差点骨折。

这两种说法，哪个更容易让人产生关联并找到相似之处呢？显然是第二种说法，因为它足足包含了三倍多的信息量。如果你觉得与他人建立联系很困难，很可能是你不想分享任何关于自己的事，还指望这样就可以找到相似之处。

如果连分享这么一点细节都让你觉得不舒服、不自在的话，这表明你可能没有给你的谈话对象什么交流的机会，当谈话之球抛回给你的时候，你基本上算是丢了球，失了分。造成尴尬冷场的原因很可能就是你自己，因为别人会期望聊天的时候有来有往，但结果他们得自己说完全场，而你还在纳闷是不是哪里不对。

换句话说，你要习惯这种不适感，因为这是你需要改进的地方。

共同的厌恶和相似之处效果一样好，甚至还会更有意思。你有没有发现，有时，如果想要保持对话的积极成果，话题免不了会转变为抱怨一些你们都不喜欢的事情呢？

人们很容易低估这些讨论的价值，因为大家认为谈论负面的事物是一件消极的事情。然而，它在你寻求人脉的过程中绝对是很有价值的事情，因为消极和厌恶是一种强有力的情绪。

当你想尝试一家新餐厅时,想想你将会看到的点评。要么,你会看到评价很高、夸大其词的评论,要么你会看到充满厌恶和恶意的负面评论。厌恶感对我们行为的影响,是其他任何事物都望尘莫及的。

一些人际关系咨询师甚至会打趣说,成功的关系有一个标志,就是能讨厌同样的人和事。

谈论消极本身并不消极,因为它与其他的情绪别无二致,你在互动中产生的情绪越多,你给人留下的印象就越深刻。

最重要的是要再次达成一致的意见。无数友谊建立在军队的新兵训练营里,在那里,唯一的共同纽带就是对他们所历经的苦难的"憎恶";还有无数友谊建立在对同一个老师或一大早上课的"怨恨"之上。因共同的厌恶而建立起的友谊,比你意识到的要多得多,因此你不应该摒弃这一方法。

向上社交

假装别人已经回答

关于如何设定一个开放和友好的基调,这是本章的最后一个建议。有些人就是无法与人亲近,这可真让人恼火。也没什么特别的缘由,但是跟他们说话就像对着墙壁说话似的。即使你问一些无关痛痒的问题,他们也只是一味地回避、反对,或者只吐出一个字来回答你。如果你问一些好玩、有趣的问题,他们又会不断地改变话题。你也许侵犯了他们的隐私,或者他们只是自我保护意识太强。无论如何,对话已经难以继续下去了。

遗憾的是,他们给你定下了这样一种基调:把你当作陌生人,与你保持一定的距离,而这正是我们想要确保自己不会做的事情。但没关系,你可以不动声色地打开对方的心门。要怎么办到呢?

当你问出一个你觉得他们可能不会回答的问题时,要表现得好像他们已经回答了,然后你来回应这个假设的答案。

第二章 设定谈话基调

你:"那个,我听说那个项目落实得不太顺利是吗?"
鲍勃:"嗯。不是很好。"
你:"是啊,我听说除了在季度末出了那点小岔子,别的一切都很顺利。但那也不是任何人的错。这个项目的那部分太复杂了,简直疯了。我真不敢相信那居然也能通过。"

当你把所有这些都摊开来说时,他们基本上免不了会来回答、反馈、纠正、确认或者否认。这就是最重要的部分——首先你要问一个问题;然后表现得好像他们已经回答了这个问题;最后来看看他们对你假设的答案有什么反应。不要等他们回答你的问题,只要等着他们对你接下来的回答做出反应。这么做的作用是,即使他们不想和你说话,他们也不得不参与其中,并以某种方式介入对话。你也许得不到最佳答案,但重要的是,你让他们从一开始就放下了防备,而这也许就是最难的部分。

还有另一种方法能够让他人参与进来或是畅所欲言。在你向别人提出一个问题的时候,假定他们会用某种特定的方式回答,并就同一观点继续详细阐释。同上一种方法一样,如果你幸运的话,别人就会觉得有必要纠正你,说清楚他们对于这个问题的看法。

你:"假期过得怎么样?我敢打赌,那些虫子和鳄鱼一定让你的假期很糟糕。我非常讨厌那条河还有那里的潮湿环境。"

鲍比:"嗯,其实……"

懂了吧!同样的道理,你也可以通过谈论一些你明显知道不对的事情,然后等着人家参与进来,从而引导他们开口说话,敞开心扉。

你:"这段感情看起来很不错啊!他的车可真棒,对吧?这就是你想要的吧,我猜你应该对他挺满意的。金钱就是生活。"

波比:"嗯,其实……"

这些方法利用了人们澄清事实真相的本能。即便他们不想谈论某件事,他们也不希望错误或消极的看法萦绕在他们四周。如果你没法让他们主动开口,那么这个技巧至少能让他们多说两句,你可以当作小胜一局,继续乘胜追击。

记住,谈话的基调是你百分百能够自行设定的。我们很多人都觉得谈话是靠运气——你很幸运地找到了一个共同话题、共同爱好,或是相似之处,而这些实例对于建立起融洽关系又是很有必要的。当然了,如果你相信这就是事实,它就会在你身上变成事实。

本章主要知识点

◎ 是什么决定了你和某个人投不投缘呢？这不是一种巧合；相反，你可以通过设定出友好、开放的基调来掌握大局。大多数人对待他人就像对待陌生人一样，因此也不会成为朋友。

◎ 第一种设定基调的方法是要像朋友一样说话：从话题、语调甚至个人隐私等方面切入。只要你不是太过无礼，人们就会顺着你设定的基调继续说下去。这其中非常重要的一点是，要像对待朋友一样对他人表现出毫无保留的情感，而不要拘束你自己，竖起一堵看不见的墙，硬生生地拒人于千里之外。

◎ 设定正确基调的另一点是要找到相似之处，并进行重点关注。当人们发现了相似之处时，他们会立刻敞开心扉，谈论这个话题，因为他们好像找到了另一个自己。你可以通过制造或挖掘相似之处来达到这一目的。

◎ 最后，你可以通过让别人开口来设定基调，即使他们难以接近，或是似乎有意与你保持一定的距离。但你可以通过询问一些特定的，一些他们无法拒绝去评论、解释或者辩护的问题，引导他们开口，而这些问题其实并不需要他们自己作答。

第三章

如何征服听众

第三章 如何征服听众

当你想象一位充满魅力的健谈者时,你觉得他会是什么样?通常情况下,我猜你会想到一个擅长讲故事的人。似乎只有通过讲故事,我们才能迷住别人,让人仔细去听我们所说的每个字。

上述说法是否属实,并不是本章要讨论的内容。没有人能否认,在一场令人难忘的你梦想拥有的谈话中,讲故事是一个重要的组成部分。问题关键则是如何获取并掌握这种神秘莫测的技能。因此,在本章中,我会阐释一些观点,教你如何在日常对话中讲故事。

首先,我们应该揭开讲故事那充满神秘感的面纱。什么是讲故事呢?它只是把发生过的事情以一种不无聊的方式叙述出来,让你暂时成为关注的焦点,就这么简单。记住这个,咱们来看看怎样才能更好地讲故事。

向上社交

生活就是一系列的故事

认真来说，我们并不觉得自己日复一日的生活有多么妙趣横生，但是，我们所做的比我们意识到的要多得多。

事实上，没有什么比一两个词的回答更能冷场。这就意味着你应该努力把你的生活过成一连串的小故事。要记住，我们正在揭开故事里的神秘感，而且你会发现，创造你日常生活中的小故事还挺容易的。

由此而论，小故事的定义又是什么呢？

"那个，你是做什么的呢？"
"我是营销部主管。"
"哦，厉害。呃，我现在要去趟洗手间。"

咱们再试一次。

"那个，你是做什么的呢？"
"我是营销部主管，主要是和客户打交道。就在上个礼拜，我们有一个发疯的客户，威胁说要派他的保镖来我们办公室！天知道我多希望自己能多干点创造性的工作。"

"我的天哪！那他真的派保镖过来了吗？"

这就是一个小故事。在简短地回答问题时，运用了故事中的元素——一个带有某种结论、关于某个主题的情节。正如你刚才所看到的，在回答"你是做什么的"这个问题时，任何回答都远比不上一个简短的小故事能引发更多对话，引起更多兴趣。你只需要说三句话，就足够让自己成为一个魅力倍增的健谈者。当人们和你闲聊，问你一些寒暄式的问题时，他们很可能对你一两个字的回答，或是对无聊周末的回顾毫无兴趣。他们想听一些有意思的东西，所以，就跟他们说点有意思的事吧。

不仅如此，小故事也能让你从内到外剖析自己的思考和感受。了解你的这些情况是让其他人与你产生联系、建立关系的第一步，因此，你必须学会应对一个封闭式的问题，并把它引申到你的强项上去。这也能增进与其他人的往来互动，这么一来，连大学派对上的争吵打闹都能拿出来说了。当你把一个小故事真正需要的元素分解后，准备起来就变得简单多了。

小故事还有一个优点在于，你可以在谈话之前想好这些故事，这样你就可以在回答那些司空见惯、老生常谈的问题时，手头能有些让人耳目一新的素材。提前想好小故事最主要的好处在于,能让你不再只用一两个字作为答案,即便你可能已经习惯如此。

我恳请你,务必为一些高频话题,准备一些大约三句话长度的小故事,举几个例子:

你的职业(如果你的工作不同寻常或是很难说清,请确保你准备好一份描述,能使得外行人对你的工作明白易懂)。
你过去的一周。
你的这个周末。
你的家乡。
你的爱好。
……

当你用一个小故事来回答问题的时候,首先要确认自己被问的问题。但是接下来,当你意识到你有更有意思的东西要说的时候,你就可以转去讲这个小故事了,而这个小故事应该是可以独立存在的。

"你上周末过得怎么样?"
"还行吧。我看了四部星球大战系列电影。"
("好吧,我现在要去跟别人说个话。")

咱们再试一次。

第三章 如何征服听众

"你上周末过得怎么样?"

"还行吧,但我有没有跟你讲过上周末发生了什么?一只穿着燕尾服的狗走进了我的办公室。"

"什么?跟我仔细说说。"

讲讲小故事可以让你避免在日常闲聊中反复听到那句"很好,你呢",这是征服听众的第一步。

正如前面一章所提到的,讲小故事还强调了描述更多细节的重要性,避免只用一两个词来回答问题。

细节为你和你的生活提供了一个立体的描述。这自然会让人们更感兴趣、更为投入,因为他们已经在脑海中描绘出了画面,想象出了一切。

细节也能让人产生更多的共鸣、思考和归属感。有了更多的细节,人们更有可能发现搞笑的、有趣的、共同的、刻薄的、好奇的以及值得评论的东西。

细节和特征将人们代入一个特定的地点和时间。这让他们能够想象出到底发生了什么,并开始关心这个问题。想想看,为什么我们很容易被电影情节所吸引呢?我们经历了巨大的感官刺激,基本上了解了它所有视觉和听觉上的细节,而这些细节正是为了让我们投入其中。

充满细节的故事和对话,就是在邀请别人与你共享一部脑海中的电影。

除了给你的谈话和故事讲述增光增色,给对方提供一些可以问的问题之外,细节的重要性还在于,它们能引起人们情感上的投入。细节能让人们回想起自己的生活,勾起自己的回忆,让他们更容易被眼前所呈现的事物所吸引。细节能让人开心、生气、难过或是惊讶。它们能控制人的情绪和情感。

如果你分享了在高中舞会上播放的某首特别的歌曲的细节,很可能有人会对那首歌曲产生相关的记忆,并在情感上对你的故事产生更大的兴趣。信息量是不可能爆炸的。分享所有那些具象的小细节吧,因为这能让你从情感层面上变成有意思的人。

1∶1∶1法

关于简化故事叙述这一主题,我们已经探讨了运用小故事的各种方法。你可能在想,小故事和完整故事之间有什么区别呢?

对我来说,区别不大。正如我所提到的,许多人喜欢把讲故事搞得很复杂,好像他们是要即兴创作一出古希腊悲剧一样。是不是一定得有起承转合呢?你可能以前看到过:一个好的故事里都要包括这个、那个,比如,需要开头、中段和结尾;描述性的细节应该越多越好;停顿有多么重要。这固然是一种方法,但肯定不是最简单或者最实用的。

在谈话中讲故事,我的方法是排列好谈话的优先级——类似于前面章节中提到的备用故事。这意味着故事本身不需要太过深入或者长篇大论。它应该包含别人能够产生共鸣并产生兴趣的具体细节,但不需要分成几个部分或者几个阶段。它在长度上可以很"迷你"。这就是为什么它被称为1∶1∶1法。

它的意思是，一个故事应该：①有一个情节；②可以用一句话来概括；③能唤起听众的某一种主要的情绪。你明白它们为什么这么简短利落了吧。它们也有助于确保你在开口之前就明确自己的观点，同时，短小的篇幅让你不太可能跑题，以免让你的听众失去耐心，只想走人。

一个故事应该只包含一个情节，这意味着只有一件事正在发生。这个故事是只关于一个事件的。它应该是十分直截了当的。其他任何别的都只会混淆重点，容易让你变得絮絮叨叨。

一个故事应该能用一句话来概括，不然的话，你想要传递的信息就太多了。这一步其实需要练习，因为你得考虑哪些部分很重要，哪些部分对你的情节毫无助益。把你的想法浓缩成一句话，并且还要把事情讲清楚。

最后，一个故事应该着重于唤起听众的某一种主要情绪，并且你要能说出这种情绪是什么。记住，唤起一种情绪可以确保你的故事言之有物，而且，对于你精挑细选、想要强调的那种情绪的细节，它更能起到锦上添花的作用。就我们此处的目的而言，你没必要从单个故事中唤起别人太多的情绪。情绪可能包括震惊、敬畏、嫉妒、快乐、愤怒或者烦恼，而我们主要就是通过这些情绪将自己的经历与他人联系起来。

记住，这只是我用来把自己的所见所闻传达给别人的方法。假设有一只流浪狗攻击人的故事，不管人们听到的表述是两句话还是十句话，都不会改变这个故事所产生的影响。我精简故事是为了推进对话，然后我们就可以关注故事对听众的影响以及他们的反应。那么，这个所谓的故事应该是什么样的呢？

"一只狗朝我扑了上来，我吓得差点尿裤子。"这里有一句话，一个动作，而提到尿裤子是用来强调你想表达的情绪是恐惧和震惊。

你可以提及更多关于那只狗和当时环境的细节，但很有可能别人马上就会问到这些，所以就让他们来引导他们自己想听到的、关于你的故事的内容。邀请他们参与其中吧！很少有人愿意坐下来听一个人说单口相声，况且这种单口相声大部分都讲得很糟糕，零零散散毫无逻辑。因此，保留必要部分，同时缩短你的故事，让有共享体验的对话继续下去，而不是你一个人在那夸夸其谈。让这成为一个大家共同的经历，而不要变成你一个人的独角戏。

1:1:1法可以概括为让一个故事尽可能简短。从故事对听众的影响、听众注意力的持续时间,以及你讲故事所需要的精力这几个方面来说,大多数的故事在结尾前就结束了。换句话说,许多故事常常废话连篇的原因在于,人们努力想遵循规则,或者他们只是丢了头绪,想通过不停地说来重新找到头绪。最重要的是,开场铺垫无须太过冗长。重要的是要人们以某种(最好是)情绪上的方式专心听讲,表示关切,并且做出回应。

请别人讲故事

讲故事的重点通常在于"讲",但假如你请别人讲故事,如果故事讲得还不错,能让他们也感受到这份快乐,这也挺好的吧?退到一旁,把聚光灯让给别人如何?那好,这就只是个你怎么去请他们讲故事的问题了。

第三章 如何征服听众

观看体育比赛的时候,最不合逻辑的环节之一就是赛后采访。这些运动员仍然处于肾上腺素大量分泌的亢奋中,上气不接下气,偶尔还会把汗水滴到记者身上。然而,当你在观看记者对运动员的采访时,他们问的问题有没有让你感到一丝不可思议?记者所处的环境相当棘手,他们完成的采访片段通常却相当得体——至少不会发生录像事故。他们的职责,是从眼下那位气喘吁吁的人那里引出一个一气呵成的答案。他们是怎么办到的呢?

记者会问类似"谈谈刚才比赛第二节的情况吧。你当时有什么感觉?教练当时是怎么扭转局面的?"这样的问题,而不是"你们是怎么赢的?"记者或者会问"你们是怎么扭转比赛的局面,恢复战斗力,然后竭尽全力在最后一刻夺取胜利的呢?"而不是问"你们是怎么恢复战斗力的呢?"

关键是什么?记者所要求的是一个故事,而不是一个答案。事实上,他们用一种只能用一个故事来回答的方式,问出了他们的问题。

细节、上下文和框架都提供给了运动员,以便让他们尽可能多地说话,而不是只能憋出一个令人窒息的一两个字的答案。这就好比记者给出了一个大纲，告诉了运动员什么是他们想听到的，以及应该如何继续推进谈话。让运动员讲个故事，参与互动，记者将这件事变得很容易。这就像是有人问了你一个问题，但他在问题中就明确地提示出了他想听到的东西。

有时候，我们认为是自己在谈话中挑着大梁，对方没给出什么实质性内容能让我们进行发挥。这根本就是在避重就轻。也许他们确实没说什么，但也可能是你问错了问题，让他们给出了糟糕的回答。事实上，如果你认为肩负谈话重任的是你自己，那绝对是因为你问错了问题。

如果你为大家打下了良好的基础，那么谈话对所有人来说都会愉快许多。不要让对方失败，成为一个不善言谈的人；这只会让你越说越少，不再上心，导致对话终结。

当别人问我一些毫无深度、含糊不清的问题时，我知道他们很可能对答案也不感兴趣。他们只是在打发时间、赶走沉默罢了。要为大家创造双赢的对话和更好的氛围的话，就要像赛事结束后记者采访那样，请别人讲故事。要用一种让他人愿意分享的方式进行提问。

故事是个性化的、情绪化的、引人入胜的。故事里必然存在着思考过程和对它的叙述。它们可以体现你的个性,也是你了解一个人的方式。它们展示着人们的情绪和想法。最后同样重要的是,它们能表明你关心的是什么。

相比之下,简单封闭式问题的答案往往太过无趣,例行公事般让人提不起兴趣。对方仍然会回答你的问题,但只是照本宣科而已,参与度也很低。不停地向他人提出肤浅的问题会让谈话走向失败。

这就是问"到目前为止,你今天发生的最好的事是什么?告诉我,你是怎么弄到那个那么近的停车位的?"与仅仅问一句"你好吗?"的差别。

当你向别人问出上述的第二个问题时,你只会得到一个快速的、不会形成参与感的答案。你要么懒得在乎他们的回答,要么想让他们承担谈话的负担。当你向别人问出上述的第一个问题时,你是在请他们讲述一个他们一天中所发生的具体故事,你是在请他们叙述一系列的事件,这些事件让他们这一天变得很棒或者很糟。而这没法只用一两个字来回答。

还有一个例子就是问"你工作中最激动人心的部分

是什么？做出这样的改变是什么感觉？"而不只是问他们一个通用的问题"你是做什么的？"当你只问某人是做什么的时候，你很清楚接下来的对话将会怎样继续："哦，我是做×工作的，你呢？"

最后一个例子是"你觉得你上周末过得怎么样？有什么特别的事情发生吗？外面的天气可真好。"而不只是问一句"你上周末过得怎么样？"

激发别人去讲故事而不是简单作答，这给了他人在说话时投入身心的机会。这能让他们觉得你们之间的对话很有意义。这也会让他们觉得你真的很有兴趣听他们回答，因为你提的不是一个笼统的问题。

在提问时，用下面这几条作为指导方针：

请别人讲故事。
内容要宽泛，但要有具体的方向或者提示。
问及感受和情绪。
给对方一个扩展答案的方向，并给出多个提示、暗示和可能性。
如果其他方法都不起作用，就直接说"给我讲讲关于……的故事"。

第三章 如何征服听众

想象一下,你想要别人来满足你的好奇心。这样的例子包括:

"跟我说说你……时候的事"对比"那次怎么样?"
"你当时喜欢……吗?"对比"那个怎么样?"
"你看起来好专心啊。你早上怎么了吗……"对比"你怎么样?"

试想一下,当你引出(并给出)一些个人的故事,而不是那种老套的、令人厌烦的自动回复时,会发生些什么?

在星期一的早晨,你和同事打招呼,问他周末过得怎么样。此时此刻,你已经把万一他问你同样问题时你要说的话理得一清二楚了。记住,他们可能并不关心实际的答案("很好"还是"一般"),但他们想听一些有意思的东西。但是你没有机会去说了,因为你问他的是:"你周末过得怎么样?跟我说说最有意思的部分——我知道你不是只待在家里看了部电影!"

他打开了话匣子,开始向你讲述在周六的晚上,他无意中去了一家脱衣舞夜总会,参加了一个葬礼,还参加了一个孩子的生日派对。对话从这儿就开始变得有意思了,而且你已经成功地避开了那些困扰我们许多人的、不必要而且无聊的闲扯了。

大多数人都喜欢谈论自己。利用这个事实来发挥你的优势。一旦有人接了你的话，开始分享一个故事，你要确保自己知道应该如何通过面部表情、手势、肢体语言以及其他非语言的信号来回应那个人。因为，在任何故事中，都至少有一件事让人兴奋，所以把注意力集中在那个兴奋点上，不要害怕表现出你已经对此产生兴趣了。

要表明你已经产生兴趣，甚至愿意接下话茬，有一个小窍门，我称之为画龙点睛。可能有更好的名字，但我当时的词汇量严重不足。"龙"是别人说的故事，而"睛"是你赋予这个故事的。这能让你觉得自己有所贡献，让其他人知道你在倾听，让故事变成你们共同营造的东西。人们会因此喜欢你，因为当你这样做的时候，你的思维就会关注于帮助别人讲故事，让他们成为主角。比如下面这段对话：

鲍勃："我去银行时绊了一下，把所有的钱都撒了，跟下雨似的。"

你（点睛之笔）："你当时是不是觉得自己简直是史高治·麦克老鸭[①]？"

---

① 史高治·麦克老鸭（Scrooge McDuck）：迪士尼动画角色，角色设定为一只极其富有的鸭子。

当你在"点睛"的时候,要尽可能围绕故事所传达的主要情绪,然后加上一条评论来增强情绪效果。上面的对话中鲍勃在形容自己多么有钱,而史高治·麦克老鸭是一只在金币池中游泳的鸭子,所以这能给故事锦上添花,而且没有抢鲍勃的风头。要养成帮助别人讲故事的习惯。这简单诙谐,而且非常讨人喜欢,因为你是在助他人一臂之力。

用故事来打造圈内玩笑[①]

任何谈话里都有高潮部分。一段谈话可能有好几处地方都令人难忘,但一般情况下,只有一个部分是最佳的高潮点。

---

① 圈内玩笑(Inside Jokes):指某个圈子内的人、相关的人才能明白的玩笑。

高潮会以许多种不同的形式出现。你们可以一同开怀大笑;一同伤春悲秋、泪流满面;一同对某个问题的看法不谋而合,而其他人都与你们意见相左;一同见证一些或惊悚或搞笑的局面;一同在目睹某个场面时忍俊不禁;互相都了解对方想说什么。大多数时候,如果你用对了方法,你的故事就会因为你制造的情绪和激情而达到高潮。这就让事情简单许多,因为你已播下了种子,就等着收获了。

而在之后对这一高潮点的呼应,恰好就是圈内玩笑的本质。因此,要想轻松地制造一个圈内玩笑,你所要做的,就是在之后的谈话中提及这个高潮而已。把它记下来,放在你的口袋里,以便在不久的将来使用。不要把它晾一边太久,像放了一个月的牛奶一样,那气味会让你倒都不敢倒。如果你之前在谈话中讲了一个好故事或者引出了一个好故事,你所要做的,就是在当前话题进行的过程中再次提及它。

举个例子,刚开始聊天的时候,你说了一个关于你最喜欢的犬种的故事。因为你回避不了的身材问题,你把自己跟腊肠狗进行对比,将聊天推向高潮。

现在,你们的话题变成了时尚,谈到了不同款式的夹克。在讨论夹克衫的话题中,你怎么才能呼应上刚才腊肠狗的话题高潮呢?"是啊,但很可惜,我穿不了那种夹克,因为我的体型跟腊肠狗很像,记得不?"

提及第一个话题,最好就是你故事的话题,然后运用在当前的话题中。我们再来看一个例子。

之前的高潮:一个关于厌恶停车场的故事。
当前的话题:天气。
呼应:"是啊,如果我们在离家的10个街区内找不到停车位的话,这雨来得可就真是时候。"

就像乐队指挥可以通过不同的编排和曲目来达到同样高度的音乐主旨一样,你也可以不断地提及这段对话的高潮。瞧,你刚刚就创造了一则圈内玩笑呢。

本章主要知识点

◎ 征服听众通常指的是讲故事的时候能让他们像孩子一样,津津有味地听讲。在日常生活中,有很多方式可以制造出这种感觉。讲故事是个很广的话题,但往往被过分地复杂化了。

◎ 把讲故事变成日常行为的一个简单方法,就是把你的生活想象成一系列的故事。回答问题时不要只给出一两个字的答案,要养成一种习惯,把你的答案用一个言之有物的故事来表达。它能产生出更多的参与感,让你展现你的个性,并让对话更为顺畅。这么做还有一个好处,就是你可以在谈话前就准备好这些。

◎ 1:1:1 法的作用就是尽可能地把讲故事进行简化。如果把一个两句话的故事变成 10 句话,它也不一定能产生更强的作用。因此,1:1:1 法关注的是故事讲完后的讨论和反应。一个故事里可以只有:①一个情节;②一种将被唤起的情绪；③一句话的总结。

◎ 讲故事很重要，但引发别人讲故事是不是也很重要呢？你可以认真组织一下提问的语言，请别人讲个故事，而不是只给个答案。这种简单的方式能让谈话的所有参与者感觉更轻松、更愉快。

◎ 故事也可以为圈内玩笑打下基础。说到圈内玩笑，它是指由同一个人多次提起，并能唤起积极情绪的"典故"。因此，你只需要在谈话中提及之前说过的一个故事，然后，它就很可能一直会成为"还记得咱们说过……"这样的保留话题。

第四章

如何散发魅力

第四章　如何散发魅力

如果你记得去见你另一半的父母时的情形，那你马上就能明白这一章标题的意思。魅力攻势通常会用在政客们试图拉拢选民或者掩盖某些丑闻的时候。

政客们知道有无数双眼睛盯着自己，所以他们会用花言巧语、积极的态度和全部注意力来进行回应。这就像一场用微笑和恭维组成的大战。当然了，魅力攻势还有其他用途，对我们大多数人来说，它只会用在当我们想给某些人留下好印象的时候，比如你面对亲家或者上司时。这和通过一般性的交谈变得讨人喜欢略有不同——在这里，你是在利用充满魅力的奉承来为自己加分。

再次声明，这绝对不是在操纵人心，除非你故意这么用。

向上社交

关于赞美

发动魅力攻势最简单的方法之一,毫无疑问,自然是迅速且直白的赞美。最基本的恭维能让人觉得他们自己还不错。但也许我们一直都觉得对方不错,所以就没有把赞美挂在嘴边,反而更喜欢关注那些值得嘲笑的方面。

一般情况下,找到可以赞美的对象很容易。如果一个人的外表或是她/他有任何一个方面出类拔萃,你就应该对其进行赞美。无论如何,开始以积极的态度看待他人,会让你成为一个更健谈的人。你应该如何给予他人更为体贴入微、不流于表面的赞美呢?

为了达到最大的效果,要从两方面来赞美别人(除了显而易见、一望而知的方面以外),要赞美他们能控制的事情和他们有意选择的事情。这两者之间也许会有明显的重叠。

打个比方,没有人能控制自己眼睛的颜色,因此,夸奖对方的瞳孔颜色并不是一个很有力的赞美。但是,

第四章 如何散发魅力

夸奖某个人经过深思熟虑之后，换的一个用了一个小时打造出来的特定发型，这就让人印象深刻多了。其他的例子还包括特定的习惯、特定的词汇短语、鲜明的时尚品位、独特的想法等。

为什么赞美这些方面会大大增加个性化和有效性呢？因为它们反映了这个人的思考过程和认知。人们有意地做出这些选择来代表自己——代表他们的品位和价值观。他们这么做不是为了别人，但他们希望自己的选择能得到积极的评价和赞扬。这个选择越别出心裁，正面的评价就越有价值。因此，当你在称赞别人的选择和想法时，你就是在最大限度地认可他们。

你能发现，赞美别人无法控制的事情，比如他们的眼睛颜色，无异于在说："嘿，恭喜你啊，你的眼睛中了基因大奖！"而此时，如果这个人正戴着美瞳，那么这样的赞美也许就不错了，因为这显然是他们为了改变眼睛天生颜色而做出的选择。

要去赞美那些别人显然花了心思的事情。也许是一件鲜艳的衬衫，一个独具特色的手袋，一件不同寻常的艺术品，或是一辆老爷车。这些事物别具一格，独出心裁，也反映出这个人独特的个性。你永远也不知道，一个人选择穿着的夏威夷花衬衫是不是他真实内心的伪装。通过赞美一个人带有目的性的明确选择时,你就承认并肯定了他们所选择的展现自我的方式。

关于自我展示的方面,你还可以赞美他人的举止、他们表达某些想法时的遣词造句、他们的见解、他们的世界观以及他们的视角。

最重要的是,赞美体现了人类最基本的心理特点之一:我们渴望得到关注。我们喜欢被放在聚光灯下,获得我们认为自己应得的关注。其实,人们日常得到的赞美并不是很多,尤其是男人。我们很容易就能发现这一点,因为大多数人在接受真诚的赞美时都会感到一丝手足无措的尴尬。你可以把别人听到你赞美他们时表现出手足无措当成一个目标,因为他们平时得到的赞美并不多,所以,赞美对他们的影响很大,而且赞美还能增进你们的关系。

与之相关的一点是,要逐渐养成留意、指出并赞美他人特质的习惯。每个人都有自己独特的心理、情感或者身体特质,这些特质的表现形式千变万化,它让每个人成为独一无二的人。

你可能觉得,这些特质是人们想要隐藏、不想让别人知道的东西。但令你意想不到的是:当你留意到、指

第四章 如何散发魅力

出来并赞美这些特质时,他们会因此喜欢上你。

在谈话的时候,特质可能表现在他们的举止、动作、手势、肢体语言、独有的遣词造句,甚至在他们跷二郎腿的方式上。特质可能的表现形式数不胜数。

举例来说,在和其他人交谈的时候,每个人都会做一些不同的小动作,而这些大部分都是下意识的。除了聊天时的小动作,每个人日常的行为方式也都是有所不同的。有些人每口食物都要咀嚼50次,另一些人在开门时会避免摸到门把手。还有一些人,在人行道上走路时可能会为了好玩而特意避开地上的裂缝。

一旦你注意到别人身上同样的特质至少出现了几次,确定不是因为一些环境因素,那就可以指出来了!不要否定它们,而要让人感觉到你在细心观察。

嘿,你系鞋带的方式真有意思……
我发现你总要把这些罐子摆出个造型。跟我说说吧。
你特别喜欢你的左胳膊吗?每次我们走进去的时候,你都要在左臂敲五下。
你最近在读《一九八四》这本书吗?你说了很多次书里的新语[①]……

[①] 新语:乔治·奥威尔在他的小说《一九八四》里设想的一种新型人工语言。

你没有对这些特质发表任何态度,没有对其进行否定。你只是关注到了他们的一些很私人的东西,他们认为别人可能不会注意到,但你却真的发现了。这样做会让他们觉得你对他们很特别,因为你显然对他们倾注了额外的注意力。接着上面的例子,你觉得他们会有什么反应呢?很可能会觉得受宠若惊,想向你敞开心扉、对你推心置腹。

当你指出一种癖好时,要确保你的声音或肢体语言中不带有任何评判的语气。你是出于好奇,而不是在说"瞧瞧这个怪胎!"这就是你魅力攻势的第一步。

带着目的去倾听

从某种程度上说,人们喜欢谈话,是因为在分享中可以让他人快乐或者让自己快乐。这种说法固然太过简化,但说白了,它的本质也不外乎如此。

想想你在一场谈话中,没有分享太多东西就草草结束的感受。你很可能觉得自己被忽视、被压抑,会觉得这场谈话很糟,因为你没能表达自己的想法。现在,再想象一个场景,谈话时的话语权全为你所掌控,还有一群被你征服的听众。你离开的时候感觉很好,因为你清楚地表达了你想法中的每个细枝末节。

记住,本章的重点在于魅力攻势,这是一种你应该传递给他人的感受。你了解表达和解释自己的感觉有多好,因此也不要剥夺他人的这种感觉。

但是,要做一个好的倾听者,你不能把舞台全部让与他人,然后放弃你自己说话的机会。很多人认为,想当一个好的倾听者,只需要闭嘴,让别人说话。虽然在某种程度上这也没错,但答案绝不是这么简单。这叫被动倾听。对别人来说,他们就像在对着一堵墙在说话一样,只不过这堵墙偶尔会点个头罢了。

我们寻求的应该是主动倾听。它听起来有点高深,但实际操作起来很简单。你要带着目的去倾听,让对方一直成为焦点,从而增进对话的效果。

假设有个人说道:"上周末我去滑雪了,但我玩得并不开心。"被动倾听者会回应"哦,是吗"或者"嗯嗯",只表明你听到了他们说的话,然后继续保持沉默。主动倾听,带着目的去倾听,回应的方式就是下面这样的:

玩得不开心……(重复对方所说的最后几个字)

所以说,你去滑雪了,但是玩得不尽兴?(将对方的话重新措辞后进行复述)

听起来,你本来期待这个周末能玩个痛快的,但是是出了什么事吗,还是漏了什么环节?(将对方的想法和立场进行总结)

再次强调,你在继续着聊天,同时让对方一直作为关注的焦点。这就是主动倾听的本质,它并不是简单地重复别人的话。他们听到的是你用他们的措辞说着不同的语句,这能给人留下深刻印象,表明你在认真听他们说话。看上去,你正饶有兴致地跟着他们的思路。

带着目的去倾听时,你可以追问别人提到的任何事情,而一些恰当的问题能让你看起来像是一个超棒的倾听者。记住,你的目标是用鼓励他人继续说下去的方式来表现出你的兴趣和好奇。

作为"带着目的倾听"的延伸,有一个两秒原则。

我们知道，人们说话有时候是为了获得认可和接受。那么自然而然地，对于一个站在聚光灯下的人，你能做的最糟糕的事就是把聚光灯从他身上夺走，而我们正在以各种形式，甚至不知不觉地这么做着。我们夺走聚光灯最常见的方法就是不去表现出自己正在听他们说话。

即使你带着目的在倾听，你也可能没有表现出你在这么做。有意思的是，我们表现出自己没怎么在听的一种方式就是，在对方说完后立即插话，不管你说的内容多么有相关性或启发性，但你这么做显然缺乏足够的处理和思考的时间。

如果别人一秒停顿都没有，立即回答我们，我们很自然地会认为，他们并没有真正在听自己说什么，而是你还没说完，他们就开始在脑海中构思答案。的确，在别人说完后马上插话就是一种委婉的打断。很明显，他们只是在等着自己说话的机会，而没有倾听别人说话。这就是两秒原则可以派上用场的地方。

在别人说完后，尤其是如果他们说了大段带有深刻思考、个人想法的内容，你在开口之前要停顿两秒钟。你停顿两秒钟，显得自己沉浸于他们所说的话中，并在开口回应之前就明确表示自己已知悉。当别人停止说话时，他们通常会望向你的脸。他们在寻找一丝答案，证明他们的话对你有所影响。因此，在这两秒钟里，要记住，你的面部表情会反映你的想法，不要只给出呆滞的目光。在这两秒钟里，你可以用任何口头禅来表示你正努力思考，比如"挺好的……"

只要花上两秒就够了。当然，它还有一个积极的副作用，那就是真的让你慢下来，让你好好思考别人想要传达的信息。但这一原则的真正目的，是让人们觉得自己很重要。如果你在谈话对象说完后立马打断他/她的话，你就没有给予对方想要的重视感。

如果你立即切入你要说的主题，他们就会对你对他们的尊重程度，以及你对他们所说内容的重视程度产生怀疑。当然，这条原则说的是要创造一种感觉，也就是说，如果你有办法让别人觉得你确实在全神贯注地倾听，你大可少听一些。这就是魅力攻势的第二步：让别人觉得你在乎他们，而且觉得他们很重要。把聚光灯给予他人，与确保他人知道自己站在聚光灯下，是完全不同的两码事。

一个人只要对别人感兴趣，他/她在两个月内能交到的朋友，就能比一个要别人对他感兴趣的人，花两年时间交到的朋友还要多。

——戴尔·卡耐基

化敌为友

魅力攻势中有一个被低估的部分，那就是它能改变人们对你的看法。你可以很快地将陌生人变成朋友，但有时，把敌人变成朋友更重要。的确，在工作和生活的环境中，我们很难忍受每天都见到不喜欢的人。大多数人只会把它归咎于生活就是如此，或是我们不可能和每个人都成为好朋友——这并没有错，但你还是可以运用一些战略、战术，让人们站到你这边。

令人意想不到的是，化敌为友的第一步是要去发现，在你的生活中，谁是敌，谁是友。

如果有人让你列两张清单，一张列出你所有的朋友，另一张列出你所有的敌人，理论上说，这个任务很简单。但是你知道，在你的生活中，这两类人之间真正的区别是什么吗？除了一个显而易见的事实，那就是你和你的朋友之间互相喜欢，你和你的敌人之间互相厌恶，还有其他的区别吗？

根据保罗·多布兰斯基博士（Dr. Paul Dobransky）的说法，两者的区别在于批判性的支持。朋友既会给你建设性的批判，也会拥护你，为你加油撑腰。而这两件事，敌人都不会做——尽管敌人可能会做一些假装为你好的事，但他们不会给你建设性的批判，也不会真的为你两肋插刀。

这里所说的批判和拥护究竟是什么呢？你社交时的互动交流可以分成两方面：信息和情感。"信息"方面由批判家解决，而"情感"方面则由拥护者处理。

批判可以是建设性的、积极的，也可以是破坏性的、恶意的，但你的朋友只会给你积极的那种。积极的批判家有三种主要的品质：他们关心你，胜任朋友的职责，也会给出建设性的意见。他们真诚地关心你过得好不好，对你十分了解，因而有能力给你提出准确的、有建设性的意见和建议。换句话说，他们在处理你和你们之间友谊的问题上是成熟睿智的。

另一方面，拥护者是你永远忠诚、乐观的支持者。他们在你的生活中散播正能量，并给你们的友谊注入积极的情绪。无论发生什么事，他们都一直支持着你。不过，你的拥护者并不一定会成为你的建设性批判者。你生活中的一些拥护者可能并不真正了解你这个人，甚至还会盲目地支持你的错误决定。这就是为什么对友谊来说，只有一味的拥护是不够的。你真正的朋友既会是你的拥护者，也会是你的建设性批评者，他们知道什么时候该阻止你做出不明智的决定。

在你的生活中，那些你认为是敌人的人，他们既不是建设性批评者，也不是你的拥护者。相反，他们可能是破坏性的或者不称职的批评者，在没有获取足够的信息进而对你做出周全的判断之前，就迅速对你和你的行为进行评判。无论是哪种情况，他们都没有考虑到你的最佳利益。

好在，把敌人变成朋友的方法不止一种，而是至少有三种。由帕特里克·艾伦（Patrick Allan）提出的这些对策能使你的敌人喜欢你，并能使你与他们建立更好的关系，哪怕你从来没有想过这种可能。

首先，不要去做他们生活中的敌人。如果你认为他们是你的敌人，他们也会认为你是敌人。你对待他人的方式决定了他人对待你的方式。如果你任由他们把你当成敌人，他们就不会放过每一个和你针锋相对的机会。

因此，与其对他们以牙还牙，不如对他们运用一些反向的心理战术，争取进入他们的阵营。对他们表现出友好礼貌，以他们喜欢的方式对待他们。比方说，你的上司莫名其妙地好像总跟你过不去，他抓住一切机会让你觉得自己不如他。显然，他希望自己永远是对的，喜欢被视为专家的感觉，所以，何不让他赢了这些争论，然后称赞他超凡的知识水平和洞察力呢？别再把他看作敌人，让他处处都能取得胜利。总有一天他会发现，你并没有挑战他的权威，然后他就会觉得对你施加这种优越感没什么必要了。诚然，这一步是对意志力的考验。

其次，要让你的敌人知道，你们周围都是你的盟友。换言之，要让他们知道，大家喜欢你，你是有朋友的，而且如果有那么多人都对你印象很好的话，他们一定是错了。你要向你的敌人表明，你的社交圈里的其他人（可能他们的社交圈也是）都觉得你是良师益友。比方说，在跟你过不去的上司的眼皮底下，你热情地关心同事的生活，或者主动要求帮他们完成手头的项目。在社交影响力的作用下，总有一天你的敌人会动摇，会觉得把你当一个盟友或朋友说不定也不赖。这就是感知起到的作用。

最后，要找到或创造一个共同的敌人。有了你和你"原来的"敌人必须一起应对的第三方，会迫使你们互相合作去赢得胜利,哪怕赢不了,至少让你们有机会相互慰藉。比方说,你们的团队遇上了一个不可理喻的客户。抓住这个机会来拉拢跟你过不去的上司,和他建立一种关系,让他意识到"嗯,我们现在是同一战线的,有人跟我们俩都过不去"。他就会把你看作对抗这个共同敌人的盟友,这或许能让他打开心扉,去了解你以及你能带来的好处。这样,你就会慢慢地改变他,至少能把他变成一个少了偏见的批判者。说不定这会进一步让他对你产生好感(尤其是如果你帮他赢了的话),让他变成你的拥护者。

当他成为你合格的批判者和积极的拥护者时,这意味着什么,你懂的——他已经从你的敌人变成你的朋友了。

表达赞同的打断

魅力攻坚战的最后一步也许会出乎你的意料。大多数关于谈话的建议都是让你永远、千万、务必、绝对不可打断别人。他们总是一成不变地说，打断别人很粗鲁，会给对方传递错误的信息。这种行为很自私，而且违反了谈话的黄金法则，即要让别人滔滔不绝地谈论自己。

这个建议有一定的道理。如果你不停地打断别人的话，不让别人好好说他们想说的，他们终有一刻会开始讨厌你，因为你给人留下了自私自利、自以为是的印象。他们只好说一半就草草结束，这就像在打高尔夫时，总是挥杆挥到一半就被叫停一样。你们也没能建立起你所认为的那种关系，因为你一直只关注自己的想法。所有这些都说明，通常情况下，不打断别人不是一个坏建议。

但是，如果把不去打断别人说话当作铁一般的原则，这就不对了。打断别人说话之所以不好的核心原因在于，这会以一种消极的方式打断对方的思路。但是，如果是以一种积极的方式打断，从而增强别人的思路呢？

第四章　如何散发魅力

因此，我们的谈话策略是这样的：你唯一应该打断别人说话的时候，就是在你是要表示赞同的时候。你可以用它来建立融洽关系、打破隔阂。你打断别人的话，是因为你听到他们说的话实在太激动，因此你实在憋不住了，必须要和他们一起把话说完！在你打断之后，切记要主动停下，让他们带着你注入的强心针继续说下去。

同样地，你可以打断对方，说完他想说的话，表明你们是同一战线、意见统一的。

"我刚刚去了希腊，我非常喜欢他们那个……"（打断）"真的吗！这也太棒了！希腊是全世界我最喜欢的地方！"

"我想把车停那儿，然后那个女交警……"（打断）"那个女交警太差劲了，尽管那里有停车标志还是给你开了罚单，是吧？！她真是特别差劲。"

"那部电影太赞了。我简直不敢相信……"（打断）"那个结局，对吧？！那个转折太震撼、太疯狂了！"

"我简直不敢相信。我真的……"（打断）"太讨厌那本书了，没错吧？！我举双手同意！"

每次打断后，一定记得要主动退让，不要抢他们的风头，也不要开始大谈你自己的话题。只要稍微打断一下，表现出相应的情绪，然后让他们继续说下去。

上述所有的例子都表现出了对对方所谈论话题的兴奋程度。因此，你打断别人是有目的的，并不是盲目地随意插进你想说的话。你打断别人是为了表示同意、表达同情、表现出你情绪上的投入，同时有一致的立场。你打断别人，还因为你和他们对这个话题的感受同样强烈。你们情绪上的紧急程度一致，这就是关键所在。你不是在质疑他们，而是表示非常同意，谁不喜欢被人赞同呢？

如果你能预测出某个人的情绪走向，并想要加入认同的情绪，那就打断他，表示赞同。只要确保你没有猜错，不要说出与他们情绪相反的话就行。

举个例子："我知道！那个实在是太……"

然后，你让他们来说完你要说的话，他们会说类似"太棒了"或者"太可怕了"，这样你就会知道他们在往哪个方向走。当你和某人话语一致时，就会产生情绪上的一致。

正如双胞胎们经常说的那样，他们亲密到可以说完彼此想说的话。他们可能没有意识到的是，反过来也是一样——如果你能完成对方的句子，那么你就能创造出熟悉和亲密的感觉。

本章主要知识点

◎ 不管出于什么原因,有时候我们会发现,自己真的很想给人留下一个好印象。这时候,用来建立融洽关系的一般性的谈话策略是行不通的。怎么做才能真正达到这一目的呢?

◎ 很显然,吸引别人的第一个方法就是尽早并且经常地赞美他们。但是,一些特定的赞美才能真正打动对方。你应该试着赞美人们有意选择的,以及反映他们思考过程的事物。这在某种程度上给予他们的肯定,是只去赞美他们"眼睛长得好看"远远达不到的效果。

◎ 魅力攻势非常强大,因为它能让别人改变对你的看法。将敌人转变为朋友的过程包括:改变你自己的看法,唤起社交证明,以及创造或找到一个共同的敌人。

◎ 一直以来,我们的认知都是不应该打断别人。通常情况下，我们确实不应该这么做，但你完全可以为表示赞同而去打断别人，并强调出你们情绪上的共鸣。

第五章

得体地离场

第五章　得体地离场

　　这一章的价值显然是不言而喻的。我们怎样才能从别人面前溜走呢？不管是因为讨厌他们，或是因为他们一直喋喋不休，还是因为你只是想去个洗手间而已。这个问题通常有点棘手，这就是为什么我们经常还是会让别人滔滔不绝下去，绝望地希望他们能看到我们没说出口的暗示。

　　给你提个醒：他们是看不到的。不管是有意还是无意地，即便他们看到了也不在乎，他们更在乎的是听到自己的声音。无论是哪种情况，你在过去的20分钟里只能点头说"嗯嗯"，而且不知道这种煎熬何时才能结束。这种情况下，你会怎么办呢？

　　我们很难直截了当地在谈话中掉头走人，或是打断别人说话，其原因在于，我们对此感同身受。当我们话说到一半的时候别人掉头离开，或者找个烂大街的借口走掉，这种情形我们都有着切身的体会。我们也不想让别人有这种感觉，因此我们不愿意直接说出来。

我们想用一些间接的暗示,比如"我一会儿就得走了",或者不紧不慢地只用一两个字来回答,希望他们会觉得没劲,然后换个对象继续高谈阔论。这跟装糊涂没什么两样,而且几乎从不奏效。

离场心理学

灯光渐暗,音乐响起,觥筹交错,屋子里充满了欢声笑语。这个派对棒极了。

但是,你想走了。也许你是一个内向的人,没有精力像那些外向的朋友一样参与这么长时间的社交活动。也许你有别的地方要去。或者,也许你只是真的需要回家了,因为你还有工作要做,抑或第二天一早有大事要做,你想好好休息一晚。

第五章　得体地离场

所有这些绝对都是离开聚会的正当理由——正如离开一个喋喋不休的人一样理由正当，但总有什么在阻止你离开。也许是因为还没有其他人离开派对，因此你认为现在离开为时过早，会得罪主人。也许你害怕必须得向主人和其他宾客解释你提前离开的原因。在你试图离场之际，要跟周围人东拉西扯、解释原因、微笑致歉，足以让你打消离开的念头。因此，你留了下来。你无法继续玩得开心，但你还是留了下来，因为你不想被迫去道别。

如果这种令人沮丧的情形你听起来很耳熟，那么下次你遇到类似的情况时，有一个简单的办法可以解救你于水火。当你身处派对想要离开但又不想道别时，这么做就行了：不辞而别。

这个方法被称为"爱尔兰式道别"（Irish goodbye），就是在派对进行时悄悄溜走。拿起你的外套，走出去就行。它也被称为"魅影重重"（ghosting）、"法式离场"（French exit）或者"低调离场"（low profile exit）。表面上看起来，"爱尔兰式道别"似乎很不礼貌，但深入研究其背后的心理学以及它产生的效果，就会发现，这种方法其实很有礼貌。为什么会这样呢？

"爱尔兰式道别"背后的用意不在于摆架子，而在于尽在不言中的微妙。你仔细想一下，派对上那些说出口的告别是如何进行的。你痛苦挣扎了至少半小时，试图与自己辩论是应该留下还是走人。一旦你决定离开，你要在脑海中练习你要说的话，然后慢吞吞地蹭到主人跟前。你等着他们从当前所处的社交圈中脱身。当你终于跟他们说上话时，你告诉他们你要走了，然后就开始来来回回的连篇套话：

　　"哦！不是吧，为什么啊？"
　　（你说了你的理由/借口）
　　"但是时间还早啊！"
　　（你重申了你的理由/借口，坚持说你必须得走了）
　　"听着，我还要把你介绍给××呢……"（主人又提起了别的一些有趣的环节，这些会在派对之后的环节里进行）

　　套话就这么继续着，直到你们当中的一个屈服于压力，道别的谈话最终缩水成尴尬的闲聊，因为你们都想找到一个合适的点来结束谈话，然后就能分道扬镳了。

　　现在设想一下，主人邀请了多少人来参加派对，他就必须完成多少次这样的互动交流。最终，这场欢庆的后半段他们就得用来招呼那些要离开的人，而没法跟那

第五章　得体地离场

些留下来的人待在一起了。其他客人眼看着你在进行盛大的告别，也很可能会停下手头的活动，只为了向你道别，于是派对的重心就从庆祝变为了送别。

因此，下次在你需要中途离开一场派对时，只要拿上你的外套，选择一条不会引起太多注意的出口路线，然后悄悄地走出去。这能让主人和宾客不需要从欢庆的氛围中抽离，也能免去自己费尽口舌的解释和尴尬的告别。

"爱尔兰式道别"唯一的缺点就是，主人可能会将其解读为你不喜欢这场派对。所以，应对之策就是在离开后立刻给他们发个短信或是发一封电邮，感谢他们邀请你，并着重强调在派对上你特别喜欢的具体事例，比如："你请的 DJ 混音技术太棒了，你能把他的联系方式告诉我吗？我想存着，等下次我开派对的时候用。"

另一种得体的"爱尔兰式道别"方式，是提前告知主人以便"顺利离场"。在到场并问候他们的时候，就告诉他们你得早退，但你希望在离场之前能玩得尽兴。如果有人问起，你也可以请派对上的某个人替你向其他人转达你的告别。当然，别忘了给主人发个感谢的短信，说你玩得很开心。

不过请记住,"爱尔兰式道别"只适用于 15 人以上的大型聚会。如果出席人数比较少,那么溜走就不太可能被认为是礼貌体贴,而更会被认为是逃之夭夭,所以如果出席人数少于 15 人,最好还是告知大家你要走了。此外,如果派对是为你或是你的亲属举办的,抑或这场活动比较正式(如摆放席卡的落座晚宴),那就应该向所有人道别(或者至少向主人道别)。

因此,当你确实要让别人知道你要离开的时候,你究竟应该如何从愉快地和一群人聊天,过渡到无须满怀歉意地告别呢?玛琳·科玛(Marlen Komar)的建议是,在谈话的最后说一段诙谐幽默的小故事。当你快讲完的时候,站起来,拿好你的东西,给主人一个拥抱,然后讲出笑话最后的那句画龙点睛的话。在大家开怀大笑时,感谢他们让你度过了一个美好的夜晚,然后你就可以走了。这会让大家相信你玩得很开心,并不是因为觉得在场的人无聊才走的。

如果你不会讲生动有趣的故事,但也想在离开的时候,不让大家认为你讨厌这个派对,或者是情绪低落,那该怎么做呢?不要老是看时间,而要表现出活力四射,热情洋溢。在你离开的前一刻,让自己看起来像是在尽情享受欢乐时光,享受着乐队的音乐,跟大家说说笑笑。

第五章 得体地离场

这样,当你离开的时候,别人就不会认为是派对让你扫兴了,或者认为你一直在默默忍受这种庆祝活动。他们甚至会在暗地里猜测,你必须离开是因为之后还有一场狂欢在等着你。

另一种礼貌离开的方式是,当主人在相对人少的地方(如厨房、走廊或门厅)时,找到他/她,私下里向他/她道别。这比你在主人正好被一群人围着,忙着迎宾宴客时,跟他说你要走了要好得多。在主人一个人给冰桶加冰的时候,或者在他/她招呼客人的间隙,你向他/她道别的话,就不太可能会破坏派对的欢庆气氛——而且强迫你留下来的人也会更少。

也有一些时候,是主人自己暗示出客人可以准备走了。他们可能会不断地看手表,开始大扫除,关掉音乐,打开照明,或者有意把客人的外套从后面房间转移到沙发扶手上。对这些信号要敏感,以免逗留太久,被人嫌弃。

一旦你知道主人已经准备好和你说再见了,就去找他们,也许还可以提出帮忙打扫卫生。他们一般情况下不会让你帮忙,尤其如果你不是他们的亲属或者非常亲密的朋友的话。在这种情况下,要感谢他们让你度过了一段美好的时光,然后向他们道别。如果客人还是很多,眼见主人忙着招呼客人,没法打扰他们的话,那就应用"爱尔兰式道别",在之后给他们发一个感谢的短信。你这是帮了他们的忙,也是帮了你自己的忙。

成功的离场

现在,咱们来看看溜之大吉的另一个应用场景,这说不定会更有价值:如果你根本不在乎在场的其他人是谁或者他们在说什么,这时候该怎么办?你想结束一场谈话,并且希望在这个过程中不会冒犯到你周围的人。你永远不知道什么时候说个再见都得说上10分钟——这就是我们很多人都不愿意去道别的原因。

但如果你就这样离场的话,你可能会给人留下不好相处或是有社交障碍的印象。你必须掌握得体地退出聊天、离开现场的技巧。这里给你提供四个好用的借口,以及如何确保它们听上去不像借口。

借口一：电话。你可以告诉对方你接到了一个电话、短信或者电邮，你需要处理一下。即使是你的好朋友或者同事，也不会十分清楚你每天的任务和工作职责中的细节，所以只要看看手机，表现出惊讶或担忧即可——关键在于这件事看起来有多重要。几乎没有人会对此有异议，因为大家知道紧急情况总会时不时出现，这完全合情合理。比如，"不好意思，你介意我出去处理一下这件事吗？""对不起，我刚接到一件貌似很紧急的事情。你介意我现在回家处理一下这件事吗？"

你也可以拿出手机看看时间，然后说一些类似于"哇，没发现已经这么晚了。你介意咱们以后再继续聊吗？（加进去一些听起来很紧急但其他人没法核实的事情）"这样的内容。

你甚至不需要详细说明你要去处理什么问题，人们通常也不会问的。

这么做还隐含有请求许可、请求谅解的意味。这是有礼貌的表现。它清楚地表明，你考虑到了其他人的感受，而且彬彬有礼，不是因为别的原因而拒绝了他们。此外，应该也没有人会不同意而说"不行,就待在这里,咱们继续聊天。我比你的工作更重要"。

借口二:洗手间。你可以告诉别人你需要去洗手间。只要让这个借口看起来很紧急,他们就完全能理解。同样地,这是因为基本上每个人都感受过,去不了洗手间时,自己体内不断膨胀的水球会让自己多么坐立不安。比如:"等下,不好意思。我刚来的时候就在憋着了,现在我的胃又抽筋了。我能去下洗手间吗?"

借口三:第三方。和去洗手间的情景类似,你可以说你需要和别的人聊聊。这貌似看起来很不礼貌,但如果你用对了方法,对方是不会介意的。关键是,让它显得重要又紧迫。

如果你看到有人经过,你可以说:"哦,等等,那是史蒂夫吗?不好意思,我得去找下他,我一直在给他打电话。我可以去吗?"

如果你们站在一旁,没有看到任何人经过,你可以说:"我随便问下,你觉得史蒂夫来了吗?我给他打了三次电话,他都没有回。我想我得去找找他。我可以去吗?"

借口四:"人质"。这里是指,你可以把正在跟你说话的人介绍给朋友或者路过的人。这里有几个步骤。

首先,环顾四周,看看你能把这个人介绍给谁。其次,试着引起那个人的注意,这样他们就会走到你这边来。你也可以自己慢慢地走到人家那里去。如果跟你说话的人一直喋喋不休,他们就会一步一步地跟着你。

最后,当你走到那个人那里的时候,你就可以介绍两个人认识。这个方法的关键在于你的介绍要让双方听起来都觉得充满魅力,这样他们就会立即与对方开始交流。你可以介绍一下他们各自的一两个最有趣的特点或经历,这应该很容易。你把自己放到了互动之外,让新加入的人成为焦点。比如:"嘿,这是巴瑞。巴瑞是我们那儿的卡拉 OK 麦霸,他还跑马拉松。这是米歇尔,她小时候养过一头猪当宠物,而且她每天要喝四瓶可乐。"

现在,对方的注意力已经从你身上转移了,你优雅"溜号"的压力也小了。你所要做的就是找一个小借口,就像本章提及的任何借口一样,然后就可以走了。如果抓着你不放的人见到这个新认识的人很兴奋,你甚至什么都不需要说。

我提到的四种离场方法有一些共同的特征,这就是为什么我还想给你们提供一个小小的套路，让你用最容易被大家接受的方式从社交场合顺利"逃跑"。如果你发现自己在所处环境中可以调动所有这些因素，你就可以离开任何场合，同时不会冒犯到任何人。

首先，为离开任何谈话或社交场合准备好一个借口：要去洗手间、必须要给某个人打电话，或者要找到某个人，这些通常都能奏效。这些借口不需要太过具体，只要在嘴边准备好，随时能派上用场就行。

其次，表现出好像着急离开的样子，这样谈话对象就不会认为你是针对他们的，也不会对此提出质疑。这一点很重要，因为我们有时会觉得，离开一场谈话就等于拒绝了某人。从某种角度说的确如此，但我们可以通过表达紧迫性和重要性来掩饰这种感觉。如果你得回家是因为你的房子被水淹了，没有人会因此觉得被冒犯了。紧急性可以消除受伤的感觉。

再次，请求对方同意，然后为不得不离开而表示道歉。让人知道你是多么诚恳，多么有礼貌。若你对离开这一行为表示自责的话，对方会很容易接受。一个人的房子被水淹了，还在请求别人同意他回去解决，这样的人该有多好啊！

最后,再说上几句在近期继续交流的提议,来弥补自己不得不离开的遗憾,比如说"咱们之后再约"或者"我还想接着跟你聊"。这在最后又添上了一层同理和关怀之心,这样一来,鉴于你要走,但其实不想走的情况,对方也会宽慰许多。

正如你所见,这些因素大多是为了掩盖一个事实,那就是你根本不想再待在那里了,而且不想伤害在场其他人的感情。你传达了你全部的信息,同时没有造成负面影响。

无论你去的是什么地方,无论你处于什么场合,这四个步骤都可以帮助你部署一套离场机制。这算欺骗吗?有些人可能会这么觉得,但如果不这么做的话,就会被人困住,那些人毫无自知之明,看不到疲惫不堪的你已经哈欠连天、暴躁上火。那么,遇到这种情况,我还是会选择传达这样的信息,避免产生不必要的后果。

本章主要知识点

◎ 总的来看，这也许不是谈话中最重要的技能，但为你身心健康着想的话，这就是最重要的技能。我们怎样才能以得体的方式逃离人群呢？

◎ 道别和离开的方式有很多种。它们是两个概念：离开一场活动或者派对并不一定等同于离开一场互动。说到离开一场活动或者派对，"爱尔兰式道别"法尤为有效，因为它实际上对每个相关的人都表达了善意。如果不这么做，你也可以私下跟主人说明，高调离场，或者干脆提前向主人说明你要提前退场，这样你就不会因为中途离开而感到内疚了。

◎ 除此之外，还有一些特定的方法可以让你得体地从谈话中脱身：打电话、去洗手间、介绍第三方，以及利用他人作为"人质"。这些方法都有一些共同的元素，使得这些举动在社交场合都拥有高接受度而且相当机智：找到借口，制造紧急情况，请求许可，提到未来。

第六章

化解各种尴尬场合

第六章 化解各种尴尬场合

想象一下，你花了大概 10 分钟的时间和一个认识的人道别，离开时却突然发现你们还得往同一个方向再走 5 个街区。听起来是不是很尴尬？如果你对某个人长胖了品头论足，然后得知她是因为怀孕了，这个场面是不是也很尴尬？

陷入这样尴尬境地的场面，对我们来说其实并不罕见。日常生活中充满了潜在的尴尬情况，而如果好几个小时里你都没有感受到尴尬的话，那可就更令人难忘了。尽管它们出现的频率很高，但处理起这些情况，你或许也并没有得心应手。这就是本章要解决的问题。如果我们的日常对话中总有些尴尬存在，那么是时候学习一些技巧来应对它们了。

第一步是要大致了解为什么会出现尴尬的时刻。是什么让你觉得不舒服，让你觉得"我现在都不知道手脚该往哪里放"了呢？

我可以肯定地说：之所以会出现尴尬时刻，是因为那一刻大家都不知道要做什么。在一场对话或交流中，通常会有一方主持大局，或者至少有一个人人可以遵循的社交脚本。一般情况下，人们都会知道该做什么、该怎么做、该说什么、不该说什么，以及该如何解决眼前的问题。

打个比方，假设你有一个朋友，你们交情还算不错，但已经很久没见了。见面时，你们是会握手，还是拥抱？如果你是欧洲人的话，会行吻面礼吗？这里没有固定的脚本，所以人们只能自行决定该怎么办。这当然会让你陷入尴尬的境地。但如果现在是在一家正式的餐厅里——你就知道你该怎么做了，因为你已经逐渐学会了如何应对这种情况。

当各方都不清楚该采取什么行动时，就会出现犹豫不决，摸索试探，直到问题自然解决。再打个比方：如果没有交通规则，那么你驾驶的汽车想要并线时，就会非常紧张、焦虑，甚至还会发生事故。如果有人负责并建立起规则供人们遵循的话，这一切就能迎刃而解了。因此，当人们需要某个人可以站出来打破僵局，制订一个规则时，那个人应该是你。

只要掌控局面并率先采取行动，就能消除所有的尴尬局面吗？当然不是。这就是本章接下来要讲的。但是，如果你能张开双臂，做出一个拥抱的动作，为人们设定一个可以跟随的基调，肯定有助于解决之前那个不知道该亲吻、拥抱还是握手的问题。谁应该在什么时候做什么，这种令人不安、模棱两可的问题也会得到缓解。

因此，让我们来深入研究在一些尴尬的场面里，如何才能少一些混乱、少一些手心出汗，从容应付它们。

我能再问一遍你的名字吗？

你见过这个人，甚至知道他在哪里工作，但你此刻想不起他的名字了。这种情况该怎么办，怎么偷偷地知道他的名字，不让他觉得自己不值得被记住和不重要呢？这是另一个我们不想让别人感到自己不重要、难堪的例子。

如果你以前遇到过这种情况，那么你就会知道，在见过一两次面之后还被问叫什么名字是一种近乎侮辱的感觉。这确实给人一种印象就是，他们不关心你，你也不值得被记住——也许只是对他们来说不值得，但至少他们不会说出来。

用什么方法可以不用直接问就能偷偷地知道某个人的名字呢？显然你可以偷偷地到旁边问问其他人，但这不一定能成功，而且旁边也未必有其他人在场。因此，这些方法里应该包括让对方出于别的目的说出自己的名字，而不是直接告诉你。

把这个情形想象成侏儒怪的童话。在这个童话故事中，一家人只有猜出侏儒怪的名字，它才会放过这家人，而它的名字真的很难猜到。这家人派了一个信使去和这只怪物交流，而在这个过程中，信使看到侏儒怪，在以为周围没有人的时候，用第三人称大声地自言自语，说出了自己的名字。故事的结局和别的童话故事一样，侏儒怪气急败坏，一不留神让自己裂成了两半。忽略这个结尾，我们也可以吸取并应用其中的一些经验教训。

首先，你可以把这个"神秘人"介绍给你的朋友，或是旁边的任何人。双方的名字你都不需要知道。你可以抓着两个人说："嘿，你们两个见过面吗？"然后他们就会很自然地介绍自己的名字并握手。当然，如果旁边的人是你的朋友就更好了，"这是我的朋友鲍勃"。鲍勃就会马上询问那个"神秘人"的名字。然后你就可以插话了。

或者，你可以问他们要联系方式或者名片。解释清楚这是为了之后保持联系。如果他们想给你他们的电话号码，必须让他们自己在你的手机上输入，这样他们就必须先输入自己的名字。如果他们想给你他们的电子邮件地址，通常他们的名字会包含在里面。最理想的情况是，他们给你的是名片，这样你就知道他们的全名了。

如果这种要联系方式的方法也没能得到他们的名字，你可以说你的拼写能力很糟糕，让他们帮你拼写出他们的名字。即便他们的名字像凯文或者埃里克这样常见，你还是可以声称你最近遇到的人都叫"凯文"或者"埃里克"，因此你只是想确认一下！

还有一招，不管什么情况你都可以道歉，说自己记性不好，记不住名字，而且你们最初见面的那天实在太疲劳了。这个答案可能最接近于真相，即"当时我对你不够重视，所以我忘了"。大多数人都有过这样的时候，所以如果你强调说那天过得多糟糕的话，对方或多或少是可以理解的。

反过来说，如果别人好像不记得你的名字了怎么办？处理这个问题有两种方法，但大多数人会选择不经意间造成紧张气氛的那种。

造成紧张的坏方法："嘿，你不记得我的名字了是吗？"这会立马让对方进入防御态势，有点被动攻击的意味。它做了一个假设，而对待这个假设的即时反应就是道歉。为何一开始就要给谈话定下这样的基调呢？

好一点的方法："嘿，我是鲍勃。我们在内德的派对上见过的，不知道你还记不记得。你近来还好吗？"这么做既掌控了局面，又给对方留了面子，避免了因对方不记得而造成的尴尬。不记得别人的名字是很尴尬的，但这种状况很容易解决。记住，掌控局面并为人们创建一个范例，就是消除尴尬的方法。

如何接受赞美

我们都会时不时地赞美别人,但我们到底为什么要这么做呢?你赞美别人,可能是你魅力攻势的一部分,或者你只是在把你对某个人的看法大声说出来而已。

无论哪种情况,最终的结果都会让人们对自己感觉更好,对你的看法也会更好。我们追求的是赞美的正面结果——对方自我感觉更好,而这会转化到谈话以及他们对你的看法中。赞美他人很容易,我们甚至已经介绍了一些让他们感觉特别的方法。但在实践中,听到赞美、接受赞美的过程一般都不会非常顺畅。有些人知道该说什么,但大多数人这时都会笨嘴拙舌的。

回想一下你上次对别人的赞美。你可能以为别人听到后会开心得飘飘欲仙,但"成仙之路"没你想得那么一帆风顺。在你赞美别人之后发生了什么呢?

大多数人,包括你在内,往往不知道如何应对直白的表扬,受到表扬时,反而会感到很不自在。这并不奇怪,因为我们生活在一个既被动又厌恶骄傲的社会环境中，所以，当我们直面赞扬时，人们的反应可能会是下面这样：

虚伪的谦虚——哦，我的肌肉吗？我不知道穿着这件衬衫你也能看到它们撑起来了。

尴尬的结巴——呃……你是说我的肱二头肌？谢谢……我觉得……呃……

用赤裸裸的否认掩饰开心或是深深的不安全感——你在说什么啊？我又胖又丑，而且身材走样，你真是瞎了。

直接引发深深的不安全感——我身材好？我不知道，我从小就是一个胖墩儿，而且我从来不觉得自己有吸引力，或者配得上任何人……

表示感谢然后立刻转移话题，让自己不再坐立不安——嘿，谢谢！嗯……今天天气怎么样？

对以上每种回答，你应该都很熟，希望你能明白这些回答为什么不理想。只有最后一个例子不会破坏一段对话，不会让态度积极的双方感到不舒服。对赞美不恰当的回应会让交流半途而废。

有时候，人们不愿接受赞美，是因为不想陷入错误的肯定。换句话说，人们不想真诚地说了谢谢，结果却被告知那个人是在开玩笑或者是在说风凉话。这就好比你看到某个人朝你招手，却发现他并不是在向你招手，而是在向你身后的某个人招手一样。

那么,在谈话过程中,你应该如何得体地接受别人的称赞呢?你知道自己可以直接接受它,但你很可能不会这么做,原因在于前面提到的恐惧,或者只是因为表现出为自己骄傲,就会让你觉得不自在。

因此,你可以通过称赞赞美来接受这个赞美。这能让谈话顺利进行,也能满足你转移注意力的冲动。

"帕特里克,你的发型让你看起来像是 Gap① 的模特。"
"谢谢,你什么时候变得这么会夸人啦?"

"帕特里克,你刚才开的那枪真是无与伦比。"
"谢谢,是你教我怎么开枪的,这都归功于你。"

"帕特里克,你那双鞋真漂亮。"
"谢谢,你是我认识的最细心的人。"

"帕特里克,你的身材真是现代版的阿多尼斯②。"
"谢谢,在我认识的人中,你打的比方真是最有意思的。"

---

① Gap:美国最大的时装品牌之一。
② 阿多尼斯(Adonis):希腊神话中的美男子。

称赞赞美不仅仅能将注意力从你身上移开,拒绝或是接受一个赞美,都可能带来消极的后果,而称赞赞美就能让你免于承受这些后果。

举个例子,如果我说,我的发型确实让我看起来像某位男明星一样帅,这会让我看起来有点自大,不是吗?如果我不同意的话,这会让赞美者有点挫败,而且让我看起来像是故意在吸引别人的注意,诸如此类。称赞赞美,你可以避开在前面的示例中所描述的阻碍对话的所有陷阱。

称赞赞美可以让你把注意力完全转移到其他事情上,这能让你不用再讨论赞美原本的内容,一般来说,这也是它最让人不知所措的环节。这还能为你们的谈话注入另一个积极的元素。你创造了一个相互促进的局面,而不是在模棱两可中隐藏着尴尬和否定。这引发了积极的相互作用。换句话说,你分享了聚光灯,把一个简单的赞美变成了双赢的局面。赞美本意就是好的,所以也要给个回赞,分享它的好处,将更多积极的状态迎入你的生活。

打破沉默

另一个要应对的尴尬情境也极为常见,那就是打破和陌生人、熟人甚至好朋友之间的沉默。并不是说我们不知道该说什么,只不过我们会觉得很不自在。因此,我们需要一些巧妙的方法来间接地达成我们想要的目的。

这种情境的发生有很多原因,归结起来就是出于一种我们打扰了别人,或是给别人带来了不便的感觉。即便打破与人共处时的沉默相当简单,但是我们大多时候也很难做到,因为我们在大脑中制造了一个"他们会觉得……"的反馈回路。

比如说,如果我们突然要跟一个陌生人搭讪,或者在两个正在聊天的人中间插嘴,我们就会担心:

他们会觉得我很奇怪。
他们会觉得我很讨厌。
他们会觉得我很没礼貌。

这些担心是不是错的并不重要——因为我们觉得它们

是真的，因此它们阻止了我们用简单的方法解决冷场的问题。关键是要找到一种方法，来应对这种尴尬的局面，并甩掉你为自己设立的判断和假设。

要怎么打破沉默才能让你感觉好点儿呢？其实，间接地去打破就行。换句话说，和某个人说话时，用个借口或者理由，这样打断别人或是对陌生人开口就很容易了。

比方说，如果你完全迷了路，快要精疲力竭时，走到某个人面前问路，你会觉得很困难吗？我觉得不太可能，而且不只是因为它的必要性。你会觉得你必须得开这个口，而这将会压倒你对判断的恐惧。这就是此处"间接地"的意思：你有了一个接近某人的切实理由，而如果我们可以为自己创造这么一个理由的话，我们就更容易说服自己采取行动。有时候，你也可以把这种感觉称为合理推诿——你用一个看似合理的理由走上前去，用一种没有人会觉得你粗鲁或奇怪的方式开始对话。

鉴于以上原因，我想提供三种打破沉默的间接的方法，让你不必只是为了开始一段对话而走到某个人跟前，谈话时更有安全感。这场"攻坚战"中最关键的点在于，让你能够接受打破沉默的感觉——这恐怕会是一个"我不自信 / 我觉得不自在"的问题，而不是一个"我不知道要说什么"的问题。回想一下，你在精疲力竭之际向别人问路的感觉，所有这些担忧都是次要的。

第一种打破沉默的间接方法，是去询问对方一些客观信息或主观意见。这些问题合情合理，同时非常重要，给和陌生人交谈提供了必要性。你问的那个人知不知道答案并不重要，这只是开启对话的一种方式。就此而言，甚至你自己不知道答案也没关系。

不好意思，你知道这个演讲什么时候开始吗？
你知道最近的星巴克在哪儿吗？
你觉得这个 CEO 的演讲怎么样？
你觉得这儿的东西好吃吗？

前两个例子问的是客观信息，后两个例子问的则是主观意见。

打破沉默的第二种间接方法，是对周围环境、背景或者特定情境下的某个事物进行评论。你可以只是说说你的所见所闻。说出脑中的想法，从而引发对方的回答。

你看到墙上的那件艺术品了吗？它的理念可真是疯狂。
这儿的灯光真美。我觉得它比我的房子都要值钱。
这位 DJ 太厉害了。他的摇滚让人回到了 20 世纪 80 年代。

注意，这些全部都是陈述句，而不是直接提问。你是在邀请别人对你的陈述发表评论，而不是直接让他们参与进来。

打破沉默的第三种也是最后一种间接的方法，是对你们的共同点进行评论。比如说，你们俩为什么都在你们的朋友杰克的家里？是什么原因让你们都来参加塔拉哈西①的这次交流会议？是什么突如其来的倒霉事让你们俩早上都来了车管所？

那么，你认识这儿的谁呢？
你是怎么认识杰克的呢？
杰克有没有跟你说过那次他和他的狗去滑雪的事？

提到共同之处的意义在于，它们能够即刻开启谈话，因为它们背后的答案非常明确。这些间接破冰的利器并不复杂高深，它们的主要价值是让你觉得，打破沉默也没什么难的，这才是真正的根源所在。

---

① 塔拉哈西（Tallahassee）：美国佛罗里达州首府。

有效地应对干扰

最后一个每天都要面对的尴尬局面是处理干扰。事实上,这已经超出了尴尬的界线,直接进入了令人愤怒的范畴。

你在向同事们讲解如何申请一项研究补助。他们中的一个人打断你的讲解,抱怨着申请过程的烦冗。你任由她怨天尤人了好一会儿。当她停下来喘口气时,你感谢她说出了她的想法,然后你继续进行讲解。你两句话还没说完,她再次打断你来提问。你满足了她的好奇心,给出了答案,然后想继续进行你对申请流程的讲解。

接着,她又一次打断了你的讲解。

如果这种场景对你来说很熟悉,你就会明白,想应付这些干扰,又不想让人觉得你对某个人置之不理,这会有多么令人抓狂。你想让你的听众对你正在讨论的话题有自己的看法,同时,你也不想因为冷落了那些提出自己看法的人而破坏掉这里的互动气氛。那么,你该如何处理干扰性的打断，同时又不让自己听起来像一个独断专行的人呢？

要采取先发制人的策略。哈佛大学教授弗朗西斯卡·吉诺（Francesca Gino）建议，这一策略包括事先说明什么时候欢迎被打断。例如，你可以这样开始你的演讲："有五个要点我想和你们一起看一下，让大家都先熟悉下这个议题。然后根据你们所听到的内容，咱们再来征求大家的意见和问题。"这可以让你的听众知道，在你讲完全部五点之前就提出他们的观点或问题，可能为时过早，因此他们最好把这些留到演讲结束后。

如果还是有人在你演讲中途打断你，你可以这样来强调你的规则："请让我像刚才所说的，先把全部五点都讲完，然后我会听你的想法。"这让你的听众明白，你并不是不关心他们想要说的，只不过换个时间说会更好。当他们知道，他们之后会有时间走上讲台，说的话会有人认真听取时，他们就不太可能在你进行你的演讲时打扰你。

不过有时候，先发制人还不足以击退一个一直不停打断你的人。正如执业临床心理学家乔尔·明登博士（Dr. Joel Minden）所说的那样，在社交场合打断别人是显示权力的一种方式。由于不想放弃这种权力,有些人可能会一直用频繁的、干扰性的打断来主导谈话。这和朋友之间的谈话不同,你和朋友一起兴奋聊天时,说的话可能会相互交叠——这没什么大不了的。但咄咄逼人地打断别人说话是具有破坏性的。

要对付这种人,作家罗斯·埃弗莱斯(Rose Eveleth)建议,在他们打断你说话的时候跟他们"单挑",一遍一遍地重复喊他们的名字,反过来打断他们,直到他们最终缴械投降。然而,明登博士指出,这可能会导致一场权力之争,如果你不是那种对抗型的人,你不太可能会胜出。

尽管如此,明登博士说,想要有效地对付持续不断的打断,仍然需要一定程度的魄力。你需要学会坚持自己的谈话立场,坚持自己说话不被打断的权利。有魄力不是说要跟人针锋相对,而是公开、直接地表达你的想法,进行一场富有成效的谈话。

比如你的同事在你讲解时一直用不相干的评论打断你。处理这种情况你可以说:"如果你能把你的意见和问题留到我讲解完之后再提,我会非常感激。我想先讨论完这些要点,这样我们才能充分地利用我们的时间。"

那么，如果是你自己不小心打断了别人说话，或者你看到另一个说话的人被打断，又该怎么办呢？你应该如何把方向拉回去，让被打断的人不会觉得自己被无视了呢？

很简单。在谈话者被打断之后，立刻请谈话者继续。你可以说你急着想仔细讨论一下谈话者刚提出的一个要点，对被打断的谈话者说："关于利用当地社区的资源优势，你提出了一个非常好的观点。对于这方面，我们可以听听你其余的想法吗？"这就能让谈话者以及在场的其他人知道，你清楚地听到了他的观点，并且很想听到他对此的全部看法。

在这个世界上你很难耳根清净地过日子，但我们的目的不是要彻底清除干扰，而是要学会如何有效地应对它们。

本章主要知识点

◎ 尴尬的情况几乎每天都会发生，然而它们依旧令人尴尬，因为我们从来没有学过如何妥善应对它们。那么，你是如何处理尴尬的呢？第一步，要通过掌控局面和设定基调，来消除造成尴尬的含混局面。

◎ 提前制定一些解决方案的蓝本，可以帮你应对经常遇到的尴尬场景。第一种是忘记了别人的名字，这时候，应该让他们在你没有直接询问的情况下说出自己的名字。你可以把他们介绍给别的人，询问他们的联系方式，让他们拼写出自己的名字，或者坦白自己忘了，但这不是针对他个人的。

◎ 接受别人的赞美也是一件让人不知所措的事情，解决这个尴尬场面，你只要把注意力从你身上移走，称赞别人的这个赞美即可。这么做，你就可以把一个单方面的肯定变成两个人的共赢局面。

◎ 打破与陌生人之间的沉默从来都不是一件让人舒服的事,那是因为它让人觉得冒犯和粗鲁。如果你能给自己一个合理的理由跟别人说话,那么你就能很容易地插上话,打破冷场。例如,你可以询问一条信息或者一个意见。你还可以评论你们的某个共同点,或是评论周围的某个事物。

◎ 最后,处理好说话时被别人打断的情况,能让自己保持理智,因为被打断十分令人抓狂。你可以先发制人,让别人知道你不想被打断。你可以不断地强调它,把它当成一个晴雨表,看看谁会尊重你的个人空间。如果你是那个打断别人说话的人,那就要养成一种习惯,把话题拉回到别人正在说的事情上来。

第七章

说话时的坏习惯

第七章 说话时的坏习惯

假设你在孩提时代登上了珠穆朗玛峰；或是你曾做了一个长时间口对口的人工呼吸，救活了一只小羊羔；又或是因为你无边的想象力和对骑扫帚的执迷，让你成了《哈利·波特》这套书的灵感缪斯，你的脑海里或许已经浮现出人们争相与你说话、听你讲故事的场面。

你或许是全世界最有趣的人，但你很可能已经养成了不好的谈话习惯。也许你在日常生活中也已经发现了，不管那些让你讨厌的人能给你带来多大的好处，如果能不和他们说话，你也还是愿意这样做。我想，你多半会更喜欢那些说话谨慎、靠谱又不烦人的人。

相比那些虽然有趣但交际能力很差的人，温和亲切、不让人反感的表现可能让你在交流中更如鱼得水。好在我们已经学习了不少对话技巧来让你变得魅力十足——现在，咱们来确保你没有不良的行为习惯。

第一步是评估人们在你周围是如何行事的。这可以判断你到底有没有让人反感。获得自知之明可不是一门简单的学问,但在这儿,我们可以采取一个简单的方法。不需要拿手电筒探照我们的内心,只需看看你周围的人是如何对待你的,这样就好比用测量物体重力的方法来求出它的质量。只要观察下你对周围人的影响,就能知道你是否有不好的谈话习惯。

比如说,你有没有在人群中制造焦虑或者压力呢?如果有,他们在你周围就不会表现自如,他们会避免和你有眼神接触,也会因为害怕你的评判去隐藏自己的生活细节。他们还会躲开你,眼看着你犯错。这一切的目的都是为了不激怒你。

他们会问你问题吗?如果他们喜欢只用一两个字来回答你,或者干脆问都不问你的意见,这意味着他们觉得跟你沟通没什么意思或者令人不快,应对这种不适的一个简单粗暴的办法就是避免这样的接触。当你走进房间时,若是所有人突然安静下来的话,你也可以由此判断出他们有没有群体共识。为什么呢?因为他们刚刚正在谈论的就是你。如果你感觉对方想草草结束与你的谈话,那么他们就是这么做的。

有时候,对方会故意让尴尬的沉默蔓延,从而避免进一步的交流。他们并不一定想要你来打破沉默。

对于他们所陈述的话题，尤其是关于未来计划的部分，如果对方突然表达得非常笼统，那这就是一个信号，表示他们不想继续说下去了，想换个议题。举例来说，"今天接下来你准备做什么呢？"或者"周末你有什么计划吗？"这样的问题通常就是发出了暗示，表明他们不想再继续说了。

那什么情况会导致这些消极的反应呢？

你的眼中非黑即白

换句话说，你认为做事只有一种正确方法，而其他任何与此不同的观点都是错误的。这种正确方法，恰好就是你的想法。

这种心态非常不好，因为有这种心态的人喜欢评判别人。当他们遇到一些与他们所认为的世界运转模式格格不入的人时，他们就会评判这些人，有时甚至会当面评判。他们会认为那个人是错的，而且只会用老一套的方式做出回应。你也许觉得自己思想开明，但如果你对别人只会一味地批评和评判，你很可能并不是你所想的那样。

正如你不愿意在和别人说话的那一刻就被盖棺定论一样，如果别人被评判了，他们也不会有多好的反应。这个习惯很难破除，因为意见很容易变得个人化。随意评判别人，往往会令人感到被冒犯，无法在你面前表达自己。

如果别人有不同的意见，那就尊重这个意见。问问他们是如何得出这个观点的，他们拥有哪些信息和假设。

用无罪推定去看待他人吧。至少，要假定他们的观点和信念有着合理的基础。他们在生活中有过不同的经历，而这些经历或许可以解释为什么他们和你的立场截然不同。记住，人们形成自己的观点和信仰都是有各自的原因的，并不是每个人的想法都和你一样。

第七章 说话时的坏习惯

换句话说，你是一位名副其实、持证上岗的"信仰警察"。

信仰警察可能非常擅于将自己的信仰强加于人，但是这个习惯会让他人极度厌恶跟你说话，而且这可不是那种邻家小妹撒娇式的讨厌。谁愿意花时间和一个让自己觉得被评判、被攻击、只能防守自卫的人在一起呢？因此人们不再向你敞开心扉，然后会对你敬而远之，最终，他们会对你避之不及，这样他们就不用遭受自我审查的感觉了。

每件事都能成为一个展示自我的机会，证明你比谈话对象无论是在知识还是经验上都更优越。但这要付出什么代价呢？这真的重要吗？

在品味和观点方面尤其如此。这些都是全然主观的问题。对你来说好看的东西，对另一个人来说可能十分丑陋。你无法说服任何人让他们更喜欢巧克力，无法让一个讨厌甜菜的人喜欢上甜菜，所以殚精竭虑地想要说服别人，这完全是在浪费你的时间，你也会因此非常苦恼。

大多数时候，就当别人是对的吧（或者让他们认为自己是对的）。不要随时都跟别人开战，不要为那些你改变不了的小细节而烦恼。你会因此更加快乐，压力更小，而且你会发现，这将直接提升你的友谊和人际关系的质量。

你的意见"不请自来"

很多时候，人们只是想就某个事情讨论讨论，说说自己的想法。他们并不想进行什么争论，学到什么深刻的东西，听到什么建议，或是采取什么行动。他们只是想在一个舒适的氛围中被倾听、被认可。在很多情况下，他们只想一吐为快，聊聊感受。说白了，他们想听到的是自己的声音。这并不意味着他们对自己的谈吐有多么自恋，他们只是把内心的独白说了出来。

你可能知道我要说的是什么了。有时候，你只需要一个听你发牢骚的人，或是一个可以哭泣的肩膀。你需要能对某个人说："噢，这可真是见鬼了！"

这就够了。对我们很多人来说，我们想要的就这么多。你也可以把这看作是一种认同——在这种情况下，就是要让别人对他们自己的感受感觉良好。你接受他们的情绪，让他们觉得和你待在一起合理又自在。你不一定要同意他们的想法；你只需要表明你听到了他们的话。这其实根本与你无关——注意力要保持在他们身上。

如果你曾经不得已地听过朋友抱怨同事或另一半，你多半已经这么做过了。这些话听起来是这样的：

那一定很可怕。
我甚至无法想象你当时的感受。
看起来，你完全有理由生气。
这种事发生在你身上真是太荒唐了。

记住，你不是一定得同意他们的意见，你只是在说，他们有这样的感受合情合理，可以接受。如果对方来找你不是因为需要你的独家意见的话，那可能就是因为你善解人意，善于倾听。

如果对方想要建议的话，他们会问的。人们其实多半知道自己需要做什么来解决自己的问题，他们只是不想过早地从别人那里听到这些。他们得靠自己走到那一步，而这一过程中很大一部分就是痛骂一气、口不择言、想什么说什么。

因此，与其给别人"不请自来"的想法或者建议，不如花点时间去弄清楚那个人说话的目的，使之成为一个二元选择：这个人是真的想听我的意见，还是只是在发泄情绪，需要一个人听着就行了？这两者之间有很大的区别。如果对方是在征求意见，就请他们明白、清楚地提出来。否则的话，闭嘴听着就行。如果他们不是在向你寻求具体的建议或解决方案，那就安心地做一个单纯的倾听者吧。

你的角色有两种：当一个倾听者，或者当一个问答专栏作家。不难猜测，后者在大多数情况下远不如前者受欢迎。允许别人向你倾吐衷肠，他们也会在其他事情上信任你。结合当时的情况，从字里行间了解人们想要的是什么，你就不太可能引起别人的反感。记住，这整件事通常与你无关。

你总是第一个笑出声

我们都会发出假笑。不管我们认为自己有多诚实，也不管我们有多讨厌给别人粉饰太平，我们仍然基本上每天都会用上假笑。

这就是我们大多数人的本质——心地太善良了！我们希望别人喜欢自己，希望社交场面顺利进行，希望尴尬的沉默消失殆尽。最重要的是，我们不希望别人在不得已讲了个冷笑话时，会觉得自己很失败。所以我们会报以一个同情的笑。

假笑是挽救许多谈话的润滑剂。它填补了空白，让你在不知道该说什么的时候有点事情做。它能让谈话继续下去，即使你已经觉得无聊透顶了，它也能让你看起来还是聚精会神的。事实证明，表象有时的确很重要。如果你们公司的大老板找你谈话，你肯定希望你的职业假笑能让他更喜欢你。

因此，我们会在别人讲笑话时发笑。笑是我们日常说话时不可或缺的一部分，但这并不等于我们喜欢笑，而且，如果我们和某个人一起时被迫假笑得越多，我们就越不想和他们说话。

显然，我们不想让别人对我们假笑，那我们为此能做的最重要的是什么呢？永远不要去笑自己说的笑话，至少不要第一个笑出来。

人们开始对你假笑并最终厌烦和你说话的时候，就是当你为自己讲的笑话大笑，而不去看对方是什么反应，尤其是当这个笑话并不好笑的时候。仔细想想，是不是这么回事。

莫妮卡开了个很一般的玩笑，然后自己笑了出来。难道你不觉得你必须给她一个假笑，给出她想要的反应，才能让谈话继续下去吗？

好吧，然后你挤出一丝笑容，调整了一下呼吸，告诉自己，这没什么大不了的。然后莫妮卡又讲了一个冷笑话，她接二连三、三番五次地讲，你的面部肌肉开始疼痛，因为天知道你花了多大力气把它们扭曲成一个虚假而呆滞的笑容。我光是这么写写都觉得一腔怒火，我甚至不认识这个莫妮卡呢！如果是我的话，忍无可忍时，我只能找个借口离开。

这就是在你自己说的笑话中先笑出来，而不去看看对方是什么反应的时候，会对你的谈话伙伴产生的影响。如果你总是先笑出来，你是在把你的意志强加给谈话对象，本质上是在告诉他们应该有什么样的感受。你通过自己亲自演示来告诉他们你想要的情绪，而这在一般性的谈话中是很难达成的。

这就像在谈论政治时，巧妙地告诉对方你希望他们怎么投票。最糟糕的在于，你听不到他人的意见，因此谈话慢慢就变成了一个让你展示自己所谓的幽默的一言堂——而这样的谈话，大部分人都不会乐在其中。

这么做的话，很容易就在聚会上变成别人极力想避开的"那个家伙"或者"那个女的"，因为这样的人注意不到，除了他们的笑话，对方还想聊聊别的东西。

如果你总是大声、自豪地第一个笑出声，这也表明了你不太懂得体察社交场上的暗示。社交暗示是人们发出的一些细微的信号和提示，而这些信号和提示体现了他们真实的想法。比如说，一个常见的社交暗示是，如果一个人双臂交叉，身体后仰，环顾你身后房间的话，就表示他们对你要说的话不感兴趣。如果你先做出了反应，使得他们不得不放弃自己的社交暗示来配合你，你还能观察到什么暗示呢？你在笑得前仰后合的时候，对方可能正在一步一步远离你，而你甚至都没有发觉。

总是对自己的笑话先笑出声，还会让你完全无法判断自己是否幽默。如果没有一些公正的、不受影响的反应，你的世界里就只能听到笑声，而且这笑声还是你自己制造的。这可能会导致自我认知的膨胀——我敢说你肯定有朋友认为他们自己很搞笑，因为他们从来只听得到自己的笑声。

别的人可能会和你一起笑，但这并不表示他们觉得你很有趣。总是先笑出来，通常是出于不安全感和害怕对话被拒绝而做出的反应，而对话被拒绝一般就表现为开了玩笑之后的沉默。你想要先播下欢笑的种子，确保能得到你想要的反应，但一段时间之后，它就会成为你无法摆脱的潜意识习惯。

没有得到想要的情绪反应，可能有些人会感到尴尬甚至完全不知所措，所以从某种意义上说，他们想要传播这种情绪是说得通的。这是可以理解的，当我们为某件事感到害羞或紧张时，我们都有过这种表现——忐忑地笑笑，对吧？

但是当你讲完笑话后第一个笑出来，而不去看看别人的反应的时候，要记得你会给别人造成什么样的影响和感受。毕竟，在你的嘴巴发出声音时，你很难去倾听，去观察。这个简单的禁忌可能会毁了你的谈话，意识到这一点，也许会给你带来很大的转变。

本章主要知识点

◎ 也许你是世界上最有趣的人，没有人会在意你的说话习惯是否令人讨厌或是反感。但是，有时候多一些温和，少一些冒犯，结果可能会更好。

◎ 第一种令人厌烦的习惯就是，你眼中非黑即白，喜欢评判他人，还想要控制他人的想法。这么做的话，人们会开始避开你。

◎ 令人讨厌的第二种习惯是，当别人只是想让你倾听他们的想法时，你主动给他们提供一些"不请自来"的想法和建议。在回答之前，先弄清人们想从你这里得到什么，否则的话，人们也会开始逃开你。

◎ 第三种令人讨厌的习惯是，总是第一个笑出声，而不去观察一下别人的反应，让他人来决定是不是好笑。这样做通常是源于不安全感，想要将自己的意志强加于他人。

第八章

如何捍卫你的观点

第八章 如何捍卫你的观点

这一章的话题是自我防卫,谈到社交技巧时,你脑海中闪现的第一件事也许就是自我防卫。说实话,如果你想给人留下一个好印象,谈话技巧确实能助你一臂之力,而且当你需要捍卫自己的地盘或立场时,它们就更为重要了。

换句话说,拥有一张保护自己的盾牌,比拥有一把用来攻击的利剑更加重要,因为无论从谈话、象征性、字面还是心理的层面上说,保护自己的重要性都更高。总而言之,在这一章里,我们会介绍一些战略战术,让你在面对敌人和亦敌亦友的人之时游刃有余。这些技巧能让你说出想说的话而不会惹怒别人,从而得体地应对各种场合——或者,至少确保你不会被人利用,不会被人在背后嘲笑。

向上社交

学会说"不"

假设你有一辆小货车。有一天,你听说你的朋友杰克正在搬家,想找人帮忙。

你心里很清楚,你就是他想找去帮忙的人,因为你有车。杰克去年已经搬了四次家了,每次都会来找你。他没有付过钱,只给你买过一个夏威夷比萨,而且比萨上面菠萝的味道还怪怪的。

你心地善良,并不介意去帮助别人。但是,当你知道这个主意很糟,对你没有一点好处时,为什么还要继续帮杰克去搬他的大沙发、大钢琴呢?你知道为什么——因为你害怕对别人说"不"。

学会说"不",是一个人可以掌握的终极防御技能。我们大多数人只想着取悦他人。我们很容易发现,说"好"比说"不"更容易。当我们说"不"的时候,我们觉得自己给交流带来了消极影响,还可能带来冲突或者失望。

人们不愿说"不"主要有这么几种原因：

我们担心自己不礼貌。

我们想要讨人喜欢，不想与提出这个请求的个人或集体疏远。

我们害怕冲突。如果我们拒绝，也许提出这一请求的人会生气。这说不定会导致一场难堪或者令人不快的冲突。许多人都会尽可能地避免冲突。

我们还想留有余地。有些人把"不"看作是针对个人的拒绝行为，他们可能会指责你缺乏合作精神。

我们乐于助人。这让人感觉很好，但代价是什么呢？我们的时间是很宝贵的。

说"不"的一个简单方法就是改变你的措辞。《消费者研究杂志》（*The Journal of Consumer Research*）发表了一项研究，将120名学生分成了两组——"我不可以"组与"我不"组。其中一组被告知，每当他们面对诱惑时，他们就要告诉自己"我不可以做某事"。比如，当他们面对巧克力的诱惑时，他们就要说"我不可以吃巧克力"。而另一组，即"我不"组，则被要求说"我不怎么样"，就巧克力诱惑的示例而言就是"我不吃巧克力"。

这项研究的结果表明，用词上的细微差别就能对我们说"不"的能力、抵制诱惑的能力以及激发目标导向行为的能力产生重大影响。说"我不"的那一组在说"不"的能力上具有压倒性的优势。

"我不可以"是对自律的一种训练。但是，如果你告诉自己"我不"，你就是划下了一条清晰的界线，把控制权从手中交了出去。你的选择是预先已经定好了的"不"，这样你就会更容易坚持下去。在我们自言自语时，只要改变一个词，我们就能改变自己的行为。当人们听到"不"的时候，这更多的是一条刚性的界限，而"不可以"通常意味着答案是开放性的，这会怂恿别人想方设法来说服你、劝导你。

在学习说"不"的过程中，"我不"原则同样也适用于那些不断被要求帮忙的人。你可以考虑直接拒绝全部请求，不需要单独考虑每项请求。换句话说，你会发现如果你一项一项地考虑、一个一个地决定"我可以"还是"我不可以"，还不如直接拒绝某个类别的所有请求，说一句"不好意思，那种类型的会议我不再参加了"。这种拒绝给力得多。

对一整类事情全部说"不"是大多数人都会接受的界线。如果他们察觉到你经常破例，他们会试图说服你，让你为他们再破例一次。

第八章 如何捍卫你的观点

说"不"最困难的时刻,通常都在你说了"不"之后。在这个时候,你会想要向对方提供帮助,不停说话,或者做任何事情,只要能缓解你说的"不"所造成的紧张气氛就行。你常常会在这时开始动摇:"嗯,如果你真的需要我的帮助,我觉得我也许可以……""我是不想做的,但是……"你必须抵挡住诱惑,保持沉默,因为你往往会在那一刻失去定力。那一刻,你树立的果断的形象极易崩塌——但记住,只要度过这一刹那巨大的紧张气氛,你就能得偿所愿了。

如果你还是认为有必要在说完"不"之后补充一句"因为",那就尽量简短些,不要详细地说明细节。你提供的细节越多,你给对方挑刺的余地就越大。比方说,如果你拒绝帮助朋友搬家,说因为你早上得遛猫,这就给别人创造了一个借口,让人质疑你是不是真的一定要遛猫。

不要支支吾吾地解释你为什么说"不"。不要觉得自己必须提供一个替代方案或者一些可以弥补你说"不"的东西。只说"不"是没问题的。不需要进一步进行解释。总之记住,"不"就可以是一个完整的句子。

如果你没法直接说"不",或是你没法立马拒绝,那么还有一个选择就是推迟这个决定,以后再说。告诉他们你要考虑考虑,然后让他们跟进。换句话说,通过要求一些东西来帮助你考虑他们的请求,从而把这个负担抛回给他们。

咱们以乔纳森为例,他为各种公司出谋划策,非常聪明,总是被人邀请去喝咖啡,这些人想向他讨教,换句话说就是想从他身上榨取一切有用的信息。他不得不经常说"不",但他想出了一个解决办法。他设置了一道门槛,让这些人在得到他任何应允之前都必须跨过这个门槛。如果有人想请他喝咖啡,他会让他们通过电子邮件发送一份议程或计划,说明他们想要讨论的内容以及需要讨论的原因。这样,99%的人就此没有了下文。

有人向你提出要求时,给他们设置一个条件,满足这个条件后你才能考虑他们的要求。这么做能为你争取时间和余地,而且大多数人就此不会再来找你了,因为他们不想花这个工夫。

如果"不"还是很难说出口的话,还有一种选择就是,给他们一个"诱饵转向"式的同意:"我做不了那个,但我可以做这个。"

> 我没法一整天都去帮你搬家，但我可以去帮一个小时的忙。
>
> 这个周末我不能和你出去玩，但是我保证下个月一定抽出时间来陪你。
>
> 我不能在董事会任职，但只要我有时间，我愿意随时过来提供建议。

你对他的请求说了"不"，然后提供了一个可能会也可能不会被拒绝的小小慰藉。它也许是你愿意去做的事情中的一个合理的选择，但也不一定非得如此。你将"不"进行了乔装打扮，因为至少从表面上看来你还是愿意去帮忙的。如果你提供的帮助相对较小，对方很可能会拒绝，让你别麻烦了。

如果你不给出具体的细节，让它尽可能地变成开放式的选择，那就更好了。大多数情况下，"诱饵转向法"能让你摆脱一项请求或者义务。这一技巧可以缓解大部分的紧张氛围，因为你表示了同意，只不过没有同意那项具体的要求。

对别人说"不"的终极办法就是踢皮球。这时候，你与其说"不"，还不如说"好的，但是……"踢皮球意味着把责任推卸给别人，而不用自己承担。

如果你提出建议说有别的人比你更好、更适合的时候，你就可以全身而退了。你帮不了请求者的忙，但你还是可以帮助他们找到愿意帮他们解决问题的人。最重要的是，请求者不一定非得听到一声"不"。

比如说，如果有人让你开车送他去机场，你可以说"不行，我开车技术很差，在高速公路上开车我会很紧张，但是泰德开得很好，他也许那天有空！"你把自己与能解决问题的泰德进行了比较，让自己被比下去，从而成功地把皮球踢给了泰德。

人们求你办事是因为他们想解决自己的某个问题。如果你让自己看起来不像是能很好解决这个问题的样子，但同时又把他们引向一个真正的解决方案，那么你就避开了这个责任。

说"不"是一项宝贵的技能。学会说"不"，你就能掌控自己的生活和时间。学会说"不"，你就能让自己不去做不想做的事情。学会说"不"，你就能避免紧张、对抗和愤怒。没有"不"的人生不是你自己的人生，而是为别人而活的人生。

如果你长期以来都很被动，你说"不"的时候，别人可能会感到很惊讶。而如果你正和一个有着阿尔法人格的人打交道，可以说，他们肯定会想办法让你改变你的决定。糟糕的是，他们最初和你交朋友的原因很可能就是因为你缺乏魄力，而这种关系一旦建立起来，就很难改变了。如果你想打破这种平衡，要预料到阻力和冲击的产生。

如何机智反驳

小时候的我是个胖墩，我曾经有一个词语量相当可观的机智回嘴用语库，专门对付那些喜欢嘲笑我瘦不下来（虽然事实确实如此）的天之骄子们。他们会说不能和我一起坐一辆车，因为害怕车会翻倒。他们还会说我体型太大了，Polo衫上的马都变成真的了。

我得说一下，我其实只超重了20磅（约9千克）而已，并没有那么胖。而且，幸运的是，成年后我就慢慢瘦下来了。我想，最恰当的说法应该是，我因为吃太多糖果导致了严重的"婴儿肥"。

我与许多同样肥胖的同龄人不同，这种嘲笑并没有让我太过烦恼。那是因为，每当我被别人辱骂的时候，我就用我的回嘴用语库来回应他们，那些欺负我的人基本就不再找我的碴儿了。这些反驳或是能让对方闭嘴，或是能在大笑中把他们拉到我这一方来，迄今为止，从未失手。难怪问起喜剧演员的从业原因，他们很多人都会说自己有一个被霸凌的可怕童年，这迫使他们用幽默感为自己辩护。举几个例子：

"你太胖了，衣服上的马都跟真马一样大了！"
回嘴："你错了。它比真马大多了。你不知道我的Polo衫可以当降落伞用吗？"

"最好别跟帕特里克坐一辆车。他会让车翻倒的！"
回嘴："你最好给我在车上多装六个轮子！"

把自己变成一台智能回嘴机比你想象得要容易，而且这是你能学到的最好的谈话技巧之一。它不仅在处理霸凌时有用——一旦你掌握了它的原理，它的用途就非常广泛了。如果气氛很糟，机智的回应可以缓解紧张氛围，让情绪恢复正常。如果气氛很好，那么机智的回答就会锦上添花。

无论在什么情况下，掌握机智的回应技巧会为你赢得他人的尊重。只需要一句话——而且越短、越有力，作用就越好、越有效。机智的回应能同时达到许多效果。它能让人们开怀大笑，让他们放下戒备，同时也能让你显得聪明伶俐、洞察入微、思维敏捷。

上述例子中的回应是怎么说的呢？它们并没有和辱骂进行争论。而是顺着对方的话走，甚至将其放大。并与之形成合力，进行自嘲。通过直面辱骂，顺着辱骂的意思走，从而解除了霸凌者的武装。这些人实际上想要的是消极的反应，而不是积极的反应。对方所有的期望都落了空，甚至还有点好笑。

这种巧妙的自卫方式就是机智反驳的定义。你不用和对方正面交锋，而是做个声明，把它作为一个机会，让你在解除某人的武装时表现得幽默而得体。上述例子中，回答很容易会变成"我才没有那么胖。滚开！"或者"那你的发型不也很丑吗？"你可以想象，这些回应解决不了眼前的困局，反而会制造紧张气氛，更加激化霸凌。事实上，这么做甚至会让别人想扇你巴掌。

而且，机智反驳不止可以处理霸凌，缓解紧张局势。朋友之间的互动往往是以互嘲的方式进行的。锻炼这种能力能够让你反驳得更猛、更快，而不是在被骂了20分钟后才反应过来给对方发短信。

我们可以聊聊如何组织一些机智回嘴的语言，但第一步，咱们先来看看应对这类突发状况时，要注意的一些地方。

首先，不要泛泛而论。一句话你一听就知道是不是通用型的了，同时也不要说一些爷爷奶奶辈才会开的玩笑。

回嘴的机智程度是由它有多有趣或是多独特来判断的。用一些通用的或是没意思的语言，效果必定是很差的。不要用一些你在电影中学到的、模板化的反驳方式。也不要用你10岁时觉得很好笑的话回嘴。那些已经不好笑了。

其次，不要表现得好像你开不起玩笑。

毫无疑问，机智的回嘴最初得有一句话才能"回"过去。绝大多数时候，当人们当着你的面说你的坏话时，他们的确是在开玩笑。对一些人来说，这是他们与朋友

第八章　如何捍卫你的观点

互动的主要方式。这可以称得上是一种赞美，因为他们认为你有足够的幽默感和情绪包容度来应付这些。仔细想想是不是这样？

无论如何，这都是一种你应该随时能够调用的沟通方式。不喜欢开玩笑，哪怕是善意玩笑的人，不会有什么朋友。原本你用机智的回嘴就能加强和朋友间调侃的语境，结果你却表现出你很生气或是受到了伤害。人们以为他们可以和你开玩笑，而你则证明他们大错特错。

举个例子，如果有人拿我的胖开玩笑，而我明显表现得很生气，他们很可能会闭嘴，好几天在我周围都会如履薄冰。当一个人对某件事感到不舒服的时候，他们也会让其他人感到不舒服。如果这种情况发生的次数多到一定程度，最终他们就不会再理我了。对付这样消极的言辞，你就冷笑一声，让他们知道你就要把他们灭了。你要随机应变，以牙还牙。

另外，要运用正确的语调。最佳的机智回嘴中应该带着50%的冷漠。你绝对不应该太过激动地去反驳别人，因为那样会显示出你受到了他们起初辱骂的影响。

冷漠的语气才是正确的，因为回嘴是要表现出你是多么镇定自若，然后猛地亮出你隐藏的武器。如果需要，你可以假装自己是詹姆斯·邦德①,在反派企图谋杀但未遂后,给他一句机智的回敬。机智的反驳相当于语言上的柔道或是合气道——用对手的话回敬他们。如果你认同这个类比,你得相当冷静才能有效地与之博弈。机智的回嘴会使扔到你头上的侮辱失去威力。

机智回嘴主要有三种方法。没有哪种比另一种更好,但其中有些可能对你来说更容易、更自然、更好用。

方法一:同意,然后夸大。这种方法的理念在于,无论对方骂了什么,你都要表示赞同,然后以一种可笑的方式加以补充。要把最初的情绪放大到荒诞的程度。这是我用来应付别人开我体重的玩笑时的惯用手法。如果他们情绪的程度是1,那么你的情绪应该是他们的10倍。你加入了嘲笑你自己的阵营,让自己成为更大的笑柄。

鲍勃:"你上次做的饭可真难吃。"

夸大地回嘴:"你那晚走得早,已经很幸运了。后来我们都去洗胃了。今晚要不来我家吃饭?"

---

① 詹姆斯·邦德(James Bond):"007"系列电影主角,英国情报机构军情六处的特工。

方法二：反驳，然后夸大。这种方法可以让矛头轻松转向，让你以一种微妙的方式反驳对方。如果有人说你不擅长某件事，你可以反过来说他们对这件事更不擅长。这和前一种方法完全一样，只不过你没有把夸大的矛头对着自己，而是对准了对方。

鲍勃："你上次做的饭可真难吃。"
你："是啊，但至少我不用像上次吃了你做的饭那样，还得去洗胃！"

约翰尼："你的鞋真难看。"
你："是啊，但至少我鞋的颜色不会像你的那样，闪得人眼睛都要瞎了！"

方法三：进行奇葩的比较。这种方法能将对话带入一个新的次元，让双方都因为你稀奇古怪的奇葩想象而发笑。要怪异一点，极端一点，越夸张越好。用这种方法，你是在（对自己或者对对方）进行夸张的类比。这并不是在反驳对方；只是把话题变成奇谈怪论，甚至让人摸不着头脑。

鲍勃："你上次做的饭可真难吃。"
你："没错，我还不如把鸡蛋当冰球来打，是吧？"

约翰尼："你的鞋真难看。"

你:"这鞋能让人看上去像是辛迪·克劳馥①的美人痣。"

机智反驳是诙谐幽默的重点,它能让你从对方的话中找到一个点,从一个不同的角度来攻击它,同时还脸不红心不跳。你应该可以认识到它所能起到的作用。它们是即时的反驳,既不带有敌意,也不恋战好斗,同时还能得体地解决问题。得此方法,夫复何求?

警告:不要轻易一句接一句地进行这样的反驳。再提醒一遍,你必须记住,你的目标是让别人喜欢你。你不是想证明什么,也不是想捍卫你的自尊。说得太多,会让人觉得你有点肤浅,无法和你进行实质性的对话。没完没了的反驳会毁掉你努力建立起的好感,因为这会显得你没有安全感,充满敌意,愤世嫉俗。

通过察言观色,你就能发现,当人们意识到自己可以用这种方式吸引你时,他们眼中会散发出喜悦,但当人们意识到自己跟不上你的节奏时,心中则充满恐惧。

人类学家吉尔·格林格罗斯(Gil Greengross)对幽默在两性选择中的作用进行了一项研究,结果发现,自以为

---

① 辛迪·克劳馥(Cindy Crawford):美国超级名模,脸上的一颗美人痣是她的标志。

是、自命不凡是最不受欢迎的潜在伴侣特质。事实上，他发现"自嘲式幽默不仅可以作为一般性的智力和语言创造力的可靠指标，它也是谦逊之类道德美德的可靠指标"。

勇于承认错误

当我们在自我防卫的时候，我们的心态通常是自己必须得赢。不然的话，我们就会失去我们所要捍卫的东西。为了达到这个目的，我们准备只罗列准确的事实，提出正确的推理，说所有正确的话。我们的辩护声明里绝不可以有错误，我们绝不能说"我不知道"或者"我错了"。

但与我们通常的假设相悖的是，想在争论中取胜，我要提出一种完全违反直觉的方法：在辩论时，至少做好一次承认自己错了的准备。

那么，你到底为什么要通过展示你思维中的一个错误，或者论点中的一个瑕疵来给你的对手制造话柄呢？道理很简单：这可以让人们对你所陈述的其他事情充满信心。它让你说话掷地有声，能建立起你的信誉。此外，承认自己错了，表明你不是一个幼稚的、一心只有自己的自私者，而是一个理智的、成熟的健谈者。

想想，在你认识的人里面，那些偶尔会承认自己犯了错，或是承认自己对某件事并非了如指掌的人。当他们去说自己真的了解某件事的时候，你难道不会更加相信他们的话吗？正是因为你知道他们是那种会诚实承认错误的人，你现在才会更相信他们所说的事实。更重要的是，在你目睹他们是怎样明智地处理一个很容易陷入尴尬的局面后，你会更加尊重他们。如果你用这种方法对待他人，对方很容易能够放下防备，少一些咄咄逼人、充满恶意的攻击性。当人们意识到他们是在和一个"人"说话，而不是和一堵纹丝不动的砖墙说话时，他们就会回归那个充满人性的自己。而这将有利于你为自我防卫所做出的努力。

假设你正在会议室里努力说服众人，公司产品发布的最佳场所是户外，而不是像你的一些同事建议的那样在室内。先提出一个你知道对方会反驳的观点（比如"俱乐部会所够大了，可以容纳100人，所以用来招待咱们的客人应该绰绰有余"）。一旦他们指出了你的错误（"实际上我们预计至少有150位客人"），你就说："对不起，我搞错了。如果是这样的话，也许我们可以用花园场地来代替。它给人的感觉更开阔，更适合宾客数量更多的情况。"

因此，正如你所看到的，虽然说"我错了"可能会让你感到痛苦，因为你担心这会毁了你的信誉，但这一举动实际上会增加人们对你的信任，甚至可能更好地阐明你的观点。说"我错了"或者"我不知道"能向他人表明，你有足够的洞察力来认识到什么时候必须妥协，也表明你有足够的智慧能明白，为了赢得战争，某些战斗需要失败。

向上社交

面对被动攻击型的人

针对如何开展一个项目,你和一位同事的看法截然不同。你的建议是从筹款开始,为项目筹集资金,而他想不管三七二十一,直接开展项目,经费就从公司的结余中获取。经过与团队其他成员的审慎协商,你的提议得到了支持,你也被任命为这个项目的负责人。你这位同事说没问题,他会协助执行你所提出的计划。资金筹措这一主要任务分配给了他,而他似乎也热情满满地要完成任务。

但他一件事也没做到。他没有去联系几周前就该联系的人。本应与赞助商的会面一次也没完成。筹款活动的传单一直没做出来。当然了,这些失误没有一个是他的错。要么是其他人的原因,要么是技术上的问题,要么是沟通时的失误,要么是地球上某个地方发生了风暴。总之,总有其他东西要为这些未完成的任务负责。他发誓,他已经尽力了。他很抱歉你的计划似乎行不通。真是倒霉。

是啊,真是倒霉——不是因为跟你共事的这个人这几天运气特别差,而是因为,他很可能是一个被动攻击型的人。

临床心理学家阿尔伯特·伯恩斯坦(Albert Bernstein)将被动攻击型的人称为"情感吸血鬼",他们会把你榨干,然后装作他们才是受害者的样子。他们无法直抒己见,也不会表达自己的真实感受,取而代之,他们只能采取卑鄙的手段来达到自己的目的或者传达自己的信息。他们不会告诉你他们不同意你的想法或计划。他们会选择通过"忘记"做事或是"误解"你的指示来蓄意破坏你的计划。他们不会告诉你他们觉得失望或者生气。相反,他们会去取消一个重要的会议,因为他们"病了"或者"不小心"把一份重要文件丢进了碎纸机。

在他们看来,他们做过或没做过的事,没有一件事是故意的。他们相信自己是无辜的,做着力所能及的事,让他们失败的原因是生活,是命运,甚至是你。如果你指出他们的毛病,或者暗示他们的行为似乎造成了破坏,他们就会受到伤害,指责你恃强凌弱,或者说你是一个强人所难、自私自利的混蛋。

那么,你应该用什么样的方式应对这种被动攻击的行为,才不会让你落得一个被人力资源部门的书面警告,或是干脆被送进监狱的下场呢?埃里克·巴克(Erik Barker)引用伯恩斯坦的观点,列出了五种方式。

第一,不要把他们想要的东西拱手相让。让他们得到想要的结果(说白了就是:你承担了所有的责任,做了所有的工作,而他们却跟没事人似的),看起来好像比让他们不得不清理自己留下的烂摊子更容易,但你这样做,对自己没有任何好处。你只是在鼓励他们继续这样的行为,因为上次你就让他们得逞了。

第二,永远不要点他们的名或者生他们的气。记住,在他们的脑海中,发生的所有不好的事情,没有一件是他们的错。他们的世界观、他们处理问题的方式是扭曲的,所以如果你点他们的名,提醒他们自己应负的责任,不管你说得多好、多对,他们都不会明白你的逻辑。如果你生他们的气,也不管你觉得这个气生得多么合理,他们只会觉得你在对他们进行抨击。

第三,理解并运用他们的语言。和他们说话时,要记住他们的参照标准:他们自己,同时也是那个无辜的受害者。他们觉得自己受到了这个世界的不公平对待,别人给自己的合理反应应该是善意和体贴。他们认为自己值得同情和理解,所以你一定要传达这层意思。告诉这位同事，那些赞助者的确不可能随时有空，你明白在这种情况下安排会议有多难。承认他的努力，然后为他提供完成任务的具体步骤。你甚至可以赞扬他失败了的努力，指出这些都表明了他在努力，你很欣赏他的这些付出。

第四，明确你想让他们做什么，并对其进行奖励。指望不说出口，他们就能明白你的期望是不可能的。如果你这么做，被动攻击者一定能让你发疯。如果你想让他们完成某件事，就明确地告知他们，你想要什么样的结果，以及什么时候想要。当他们确实完成了任务，那就对他们表示肯定，大加赞扬。让他们觉得帮助你比妨碍你所得到的要多得多（尤其是地位和广泛的好评）。尽管他们看起来总是对这个世界感到不爽，但实际上，被动攻击者最渴望的还是接受和认可。如果你让他们觉得你对他们评价很高，也很重视他们的付出，他们可能就会开始把你视作盟友，而不是敌人。

第五，如果其他方法都不奏效，你的最后一招就是提高完成不了工作的代价。这并不是说你得抽出鞭子，对他们犯的错进行不合理的惩罚。这里的意思只是说，如果被动攻击者把事情搞砸了，要给他们增加相应的麻烦，比如让他们重做不达标的工作，要求他们提交事故报告，或者增加他们试图逃避的事情的价值。例如，如果这位同事连续错过那些与你的筹款事宜相关的会议（但不知怎么其他的会议却都参加了），那么告诉他，在你们开会期间做出的决定会直接对他造成影响。他的缺席意味着他不能参加投票，因此就让他承担比他本职工作更多的烦人差事。

与被动攻击型的人打交道，是一项你不想学但不得不学的技能。这其中最困难的部分之一，也许就是放下你的自尊，对他们表示同情和理解，而不是对他们火冒三丈、大发雷霆，当你与这种人打交道时，这是把事情向前推进的唯一途径。否则的话，你只会火上浇油，而且更糟的是，你可能会变得跟他们一样，自己也变成被动攻击型的人格。为了防止这种情况的发生，你需要留意自己是如何回应他们的，并在过程中不断检查自己做得是否恰当。

本章主要知识点

◎ 与人打交道并不总是那么容易的，因为有些人对你并不会心怀好意。在这种情况下，知道如何在谈话中为自己辩护并保持冷静十分重要。

◎ 自我防卫的首要方法之一就是保护自己的时间和领地。这就需要学习如何得体地对他人说"不"。你可以通过改变你的措辞、划分类别、踢皮球，以及给他人设置门槛来达到这个目的。这些都是避免直接说"不"而导致冒犯到别人的方法。

◎ 掌握引开侮辱和嘲弄的技能也很重要。这也被称为机智反驳，能让你参与到笑话之中，而不是变成笑柄。引开侮辱最简单的方法是将其夸大，或者将话题转到一些奇葩的事情上，这两种方法都可以把注意力从你身上移开。

◎ 在争论或每次为自己辩护的时候，至少做好一次承认自己错了的准备。如果你承认了自己的错误或过失，你的辩词就会更加可信，而且一旦人们意识到自己并不是在跟一堵墙在硬碰硬时，他们就会减少敌意。

◎ 被动攻击型的人是最糟糕的。这里给你提供五个对付他们的方法：不要给他们想要的东西，不要生他们的气，对他们觉得自己被冤枉表示理解，给予他们行动的明确动机，以及提高不服从的代价。

第九章

合理应对冲突

第九章 合理应对冲突

与刚才那章讨论的如何"防守"不同,这一章更像是一把言语上的或是对话时的利剑。我会教你如何有效地辩论,证明你的观点,并让你能常常按自己的意愿行事。

在顺利地保护自己的内心或思想之后,与他人的关系就不能只满足于保持现状。生活中总有一些情况是我们不敢面对的,因为我们不喜欢对抗。如果对100个人进行调查,我敢打赌,人们最恐惧的通常都是对抗、公开演讲和站在高处。

我们就是不愿意先发制人,因为我们永远都不确信自己的言行是否合理。如果我们错了怎么办呢?如果他们觉得我们很愚蠢怎么办呢?

这些都是有可能的,但是就关于对抗的认识,我们会发现,如果避免对抗,我们最终会陷入一个由自己建造的精神监狱里。为了避免冲突,我们最终会让一切放任自流,而这种生活非常孤独。如果不能按照自己的意愿行事时,我们应该如何确保自己至少不会被强迫呢?

向上社交

冲突的最佳处理方法

下班回到家,疲倦的你发现丈夫还是没有安排水管工来修理你们的水槽,尽管你已经提醒他好几次了。你觉得在你们的关系中,他没有承担起他的那份责任,而你把这当成了他对你失去兴趣的信号。如果他真的在乎你和你们的关系,他就会记得要搞定你让他做的事情,对吧?

这种想法让你出离愤怒,处于快要爆发的边缘。你发现他待在卧室里,一直在玩手机。你质问他水槽的事。他说:"对不起,亲爱的,我忘了。我明天就去处理。"他说这话的时候眼睛还是一直盯着手机。你更觉得被忽视了,感觉到血往头上涌。战斗一触即发,你已经准备好挥出你的第一拳(呃……也许,我就这么打个比方而已)。

每一段关系中都可能有争吵。让两个有着不同背景、需求、价值观、思维方式和沟通方式的人生活在一起,你们就有了发生冲突的"食材"。但这些"食材"并不一定只能做成一道充满失望、痛苦和悔恨的"冷盘"。你可以学着将冲突转化为成长的潜力，将破坏性的争执转变为富有成效的对话。

要建设性地处理冲突，埃里克·雷文斯科拉夫特（Eric Ravenscraft）建议，你首先必须认识到，每个冲突都由两方面的问题组成：情境和情绪。在上述的例子中，情境问题是水槽需要修理。而情绪问题是你对你的伴侣没有完成这件事而感到失望，同时你的感受还被忽视了。这伤害了你，把你的失望进一步加重变成了愤怒。

现在试想一下，如果你没有先处理好情绪问题，就想去解决情境问题，结果可能是什么。很大可能，随之而来的将是一场由情绪问题（说白了就是愤怒）引发的争执，而不是一场专注于解决情境问题的成熟对话。这就是为什么夫妻之间的争吵到最后总会把过去所有的过错都牵扯进来，哪怕这些过错与现在的局面完全无关——因为情绪问题控制了局面，而情境问题已经完全被抛到了一边。

为了避免这种最终一无所获、只会增加两人对彼此怨恨的争吵，勒纳博士（Dr. Lerner）建议分开处理这两方面的问题。

第一步就是先处理好情绪问题。如果你怒气冲冲，那就花点时间让自己冷静下来。慢慢地深呼吸，出去散散步，或者把你的怒气写到一张纸上，然后烧掉它。但是，不要说走就走，留下你的另一半在那儿一头雾水，不知道你想干什么。在你开始像往常一样发脾气之前，最好告知你的另一半，自己只是需要缓一缓，这样等会儿你就能更好地处理问题。

一旦你冷静得差不多了，就一定要回到你的伴侣身边，而这一次，就要解决问题的第二部分了：情境。因为已经处理好了情绪问题，现在你就能够更好地用理性、开放的心态来着手解决情境问题。在你和另一半进行讨论时，要采取合作性的立场。着手为双方找到一个双赢的解决办法，而不要坚持自己必须赢得胜利，给对方贴上失败的标签。用这种合作性的方式，你们就不会乱吵一气，相反，你们会进行一场双方都感到被倾听，也能达成解决方案的讨论。

那么，如何与你的伴侣进行一场合作性的、以解决问题为导向的对话，并让他/她感到你真的在倾听他/她呢？心理学家兼人际关系专家香农·柯拉柯夫斯基博士（Dr. Shannon Kolakowski）建议采用以下三步走的方式：询问、确认，然后协力。

第一步,询问。这一步是询问你的伴侣,你是否正确地理解了他/她的观点。这就要你转述你的伴侣刚刚说的话,然后问他/她你说的对不对。例如,你可以说:"如果我不停地向你唠叨家务琐事,你是不是会觉得自己受到了约束?"大多数争执都会因为,他/她在没有真正理解对方说了什么之前,就提出反对意见,从而升级到不可挽回的地步。在急不可耐地发起反击之前,先要求对方做出解释,试着先去倾听对方的意见,这有助于对话以一种富有成效的方式向前推进。

第二步,确认。一旦了解清楚了你的伴侣怎么看待这个问题,就要确认他/她对这个问题的感受。这里的意思不是说为了结束争执,你就应该同意他/她所说的一切。确认意味着承认对方有权利以他/她自己的方式去感受,并就他/她以这种方式去感受或看待当前情境的原因,表达出你的理解。要表达这些,你可以说:"考虑到目前的情况,你有这种感受我完全可以理解。"这能让你的伴侣知道,不管怎么说,他/她并不是在对着一堵墙说话,你听到了他/她的顾虑,也对这些顾虑进行着理智的思考。

第三步,协力。这一步能真正让你和伴侣从各自讨论想法和感受,转变成决心解决冲突、改善关系的合作伙伴关系。协力能消除"我们相互对峙"的立场,而用"我们与问题相互对峙"这样的角度取而代之。这就建立了一种团队心态，提醒你们彼此并不是敌人，眼前的问题才是敌人。在这个步骤中，你可以说："我和你想要的东西是一样的——都想让我们的感情好好继续，更好地理解彼此。我们可以一起来想想怎么解决这件事。"这么做，就能把你们的关系提升到最重要的位置，提醒你们凡事以此为重，而不应该只看到愤怒、傲慢和自私。如果你对愤怒、傲慢、自私听之任之，每次争执时这些无关的东西都会来混淆视听。

在你和另一半进行询问、确认和协力这几个步骤时，记得把你自我的一面丢到三尺远。整个过程并不是为了让你能做最后的决定或者赢得争论而进行的，而是为了让你和你的另一半能够找到一个共同基础，在此之上让感情更为牢固。

此外，在你们的谈话过程中，要坚持陈述事实，而不要对你的伴侣发表评价。例如，说"我已经说了两次让你去联系水管工了，而且两次你都答应了说要打电话给他"就是在陈述事实。然而，说"你对家里的事情从来都不上心"就是一种评价。你可能会发现，提出这样的评价，可能会被对方认为是不公平的指控；也许他其实对家里挺上心的，只是他用的方式和你想象得不一样。

因此，为了避免引发消极的反应，不要评价对方。

你可以用"我觉得"来代替评价。例如，你可以说"当你没完成我希望你做的事情时，我觉得很失望"而不是说"你对家里的事情从来都不上心"。这种表达问题的方式向你的伴侣表明，你是因为期望落空才导致失望，而不是一味地把所有的责任都推给他。

在说出了你对当前情境的感受之后，对方脑海里的第一个问题通常是："好吧，哪些方面我其实可以做得更好呢？"有些争执永无止境的原因在于，一方紧抓着已经犯下的错误不放，向另一方不停地灌输以后不应该做这个做那个。这样一来，谈话就永远也无法转移到如何补救当前情境的问题上来。

要使用积极的语言组织你的陈述，以防止自己钻牛角尖。说出你所期望发生的事情，比如："如果你能按你所说的做，或者至少告诉我你什么时候不能做，这样我们就可以做出不同的安排，这对我来说意义重大。"这样，对方就知道如何继续前进，而不是被困在责怪的迷宫里。

最后一点，尽管你尽了最大的努力保持心平气和地说话，让对话保持建设性，但如果你的伴侣仍然怒不可遏，记住，要有同理心。想想你的伴侣是什么样的人，基于他们不同的经历和个性，从他们自身的角度来考量他们的反应。他是不是把你所说的事实，当作对他行为的攻击性的评论了呢？他有这样的反应，也许是因为受过去不愉快经历的影响导致的深深的不安全感，而眼前的情境只是导火索。

请记住，虽然每段关系中都可能发生冲突和争执，但它们大可不必成为导致你们伴侣关系走向毁灭的灾难性事件。最重要的是你如何处理冲突爆发时的那几句尖刻的话，或是冰冷的沉默，不同的处理方法会有不同的结果，可能会引发歇斯底里的分手，也可能会培养出珍贵的伴侣关系。

切勿人身攻击

即使是和你最好的朋友或是你的另一半,争执也是不可避免的。实际上,你和他们产生的争执可能比和别人更多。

然而,越来越多的研究表明,你能多么有效地处理与某个人之间的冲突,就影响着你们的关系能持续多久,其中最著名的是约翰·戈特曼(John Gottman)的研究。巧妙而高效的冲突解决方案并不是本书的主题,但是有一个黄金法则你必须遵守:切勿人身攻击(ad hominem)。

在拉丁语中,ad hominem 是对他人进行攻击的意思。事实上,这也是 ad hominem 的原意:针对对方个人的行为。换句话说,人身攻击就是对他人进行与当前谈论的观点无关的攻击。

一开始,它被用作辩论策略,即两个人争执时,一方不去攻击对方的论点或是逻辑,而去攻击对方的人格。

他们希望被攻击的人会花大把时间为自己的人格进行辩护，继而完全抛开自己的论点不顾。

从某种意义上说，这是一种障眼法，让攻击者能躲开最初的议题，可以再多苟延残喘一阵。如果你听到有人用这种法子来攻击你，你只要知道他们无话可说，在试图抓住最后一根救命稻草就行了。这是软弱的表现。我们来看一个典型的人身攻击案例：

"丽莎，你又忘了给车加油了。下次能不能拜托你去加一下呢？"

"你呢？至少我加油加得起，不像你。你那所谓的工作能赚多少钱？"

请注意，这种反问针对的并不是论点的正确性或者可靠性。确切地说，它甚至根本对其置之不理、只字不提。这种攻击针对的是提出建议的人，而所产生的情绪反应，可能确实会让人忘记刚才所说的加油的事情。并不是所有的人身攻击都像这个例子那样明目张胆、肆无忌惮。事实上，大多数人身攻击都十分微妙，很难察觉。

人身攻击是逻辑上的谬误，是卑鄙的手段，它们根本不应出现在谈话中。它们的破坏性甚至难以想象，那些人无法对自己的行为负责，甚至可能没有意识到，这样的行为是在极大地转移他们自己的错误。

有些笑话听起来会像是人身攻击。在这本书的前几部分，我已经讲过这些笑话应该如何处理。只要表示同意这个笑话，将其夸大，它就会消失不见。

另一方面，人身攻击是一种侮辱，它的目的就是把你击溃，所作所为都是攻击一个人的人格。下面是一些需要避免或留神的人身攻击，也可以说是常用的人身攻击手段。

第一，展现优越性。意思就是你给别人留下一种印象，显示你在智商、社会地位或者能力方面都优于对方。

"我会回复的，但我不知道你能不能懂我的意思。"你说这句话的意思就是这个人太笨，智商太低，理解不了你想给出的回复。

"即便是你都能理解这个意思。"这里的"即便是你"是在假设你自己很厉害，但更重要的是，把对方假设得一无是处。你是在告诉那个人，有些想法即便是傻瓜也能理解，而虽然对方就是傻瓜，但他们应该也能理解。

"我以前也是这么想的。"你是在告诉那个人，你过去和他的想法一样，但现在不一样了。如今，你不再像他那么笨头笨脑的了。

第二，强行主观臆断。如果你谈话时强加另一种解释给对方，会贬低与你交谈的人的思维过程。然后，你会想方设法地解释对方为什么会那样想。

虽然你不可能百分之百同意对方的观点，但肯定有比较积极的方式来讨论你们之间的差异。尽可能少地进行人身攻击，就是这种积极的谈话方式中的重要因素之一。

一味追求完美

所有的谈话都有可能引发争论，因此，知道怎么去反驳、为自己辩护是很重要的。如果在你需要保护自己的时候，却被打了个措手不及，别人很容易就能把你打垮。

如果这种情况反复发生，尤其是在公共场合，你要做好心理准备，因为人们对你的尊重会直线下降，议论你的闲话则会越来越多。

通常情况下，争论依赖于技巧，也依赖于逻辑谬误，而这些逻辑谬误如果仔细去看是站不住脚的。记住，逻辑谬误永远解决不了争论的核心问题。诉诸逻辑谬误的人并不是真的在辩论。相反，他们在试图用骗人的把戏来掩盖他们的无知，让人觉得他们好像赢了。

人们在你身上会耍的最常见的争辩花招之一就是一味追求完美。他们反驳你的论点是因为，在他们看来，你的建议并不是完美的解决方案。任何不完美的事情都不值得一做。

这种争论方式忽略了这样一个事实，即有些解决方案是不好不坏的——这些解决方案不那么完美，但仍然不失实用。这些人通过一味追求完美的"一步到位，一劳永逸"的解决方案，让你的观点看起来有瑕疵。事实上，你只是从实际的角度出发而已。对完美的一味追求也会让任何观点都变得不合逻辑，而不合逻辑的计划永远也得不到落实。

举个简单的例子：我为什么要洗澡呢？反正一两天内我还是得再洗个澡。

这就是在一味追求完美，暗示着洗澡就应该是彻底的清洁。这无视了洗澡介于中间的好处。除了100%的干净和100%的肮脏之外，显然还有其他的状态。从不洗澡则是一个不合理的结论，而这一结论应该是能证明某种观点的。

如果继续按这种逻辑推导出结论，你会得到荒谬可笑的结果。有人可能会说你今天不应该吃东西，因为你明天无论如何还是会饿的。但之所以会有这种逻辑，是因为人们没有发觉，这种论调是以一种非黑即白的方式构建的。

这种逻辑容易把别人惹毛，因为这种逻辑的人会得出一些需要完美条件来配合的结论，驳回所有状态不完美的东西。对那个人来说，没有什么观点是无懈可击的，所以你最好也放弃你的立场。这样就基本上驳回了一切可能。

这样的人很影响他人的情绪，因为他们对别人的观点不屑一顾，却没有真正地解决任何问题。这样的人并没有提出解决方案。他们否定了你的成果，自己也毫无建树。

一味追求完美的人，通常是那些提供不了替代性解决方案的人。他们只想着要正确，而且从理论上讲，一味追求完美使得他们基本上可以一直保持完美。他们的正确就像停止的时钟一样，一天也能对上个两次。

散播怀疑的种子

这种争论的方式很卑鄙，因为它表面上也许人畜无害，难以捉摸。"散播怀疑的种子"从字面上看，会让人联想到一名潜伏多年的秘密特工，等待他的计划付诸实现。秘密特工可能会融入你的周围，成为你社交圈中的一员，因此这种争论方法有时很难被发觉。

大致来说,这个人会盯着你的意见,无视其中更大的优点,专挑最小的缺点和不确定性,抓住不放,而不管这些缺陷可能多么无关紧要。它可以包装成一个让你放下戒备的纯良无害的问题,这个人实际上是在试图削弱你对你的解决方案的信心。

乍一看,这似乎比其他争论方法更合情合理。对这些细节,他们可能真的有自己的看法。但他们的伎俩免不了会被人识破,因为他们会揪住最小的细节不放,哪怕这些细节并不影响整体的论点。很多时候,他们甚至还会编造细节来进行挑刺和质疑。

关于对鸡毛蒜皮小事的纠结,有一个相当著名的案例,真实地向我们展示了散播怀疑种子的过程。一个委员会被任命设计一个核电厂——显然,这是一个相当巨大的工程。然而,这个委员会拖延了很长一段时间,最终还是没能完成这个任务,因为他们无法就自行车棚的设计达成一致——真的就只是一个车棚,反应堆旁边用来存放自行车的棚子。

这是一个真实的"一叶障目,不见泰山"的案例,也是人们散播怀疑种子之时,会对你做的事情。他们会说你的车棚有问题,必须拿出来好好讨论,而不顾这个车棚最终无论如何也不会影响大局的事实。

散播怀疑种子的人实际上并不清楚或理解你的论点。这无关争论，也无关逻辑，只是为了赢得一场明面上的竞争。他们只是抓住了他们能找到的第一个漏洞，并妄想这能破坏你的整体论点。

比如说，你提出了一个在轨道上运行的新型公共交通系统，而它的声音会比普通的公共汽车大。散播怀疑种子的人可能并不清楚，已有很多数据证明有轨电车在效率上相对公交车和地铁系统的优势，也不知道南美洲和欧洲的许多国家都已采用了类似的系统，取得了巨大的成功。

他们对这些根本就不感兴趣。他们只知道你提议了一个他们不感兴趣的系统。他们只需要知道这个，就可以继续他们的论证了。他们的论点是什么呢？

但是它们会很不美观。但是它们会很吵，扰乱宁静。但是……

换句话说，这样的人其实并不关心根据实际情况能提出什么样的解决方案。他们只想在你的提议中找到看似合理或合乎逻辑的弱点，想尽办法给你挖坑，打击你的信心。

如果你怀疑有人试图向你散播怀疑的种子，你只需质疑他们的怀疑，和他们打开天窗说亮话，让他们给出详细解释。仔仔细细地给他们捋一捋你的思考过程，让他们明白你为什么会认为某个特定的方案比其他的更合理。最重要的是，问一问为什么在你的宏伟蓝图般的观点或建议中，他们质疑的那个小细节很重要。就像他们假装无辜地散播怀疑的种子一样，你同样可以假装无辜地询问他们是怎么想的。

当你直言不讳地询问他们为什么要质疑的时候，他们将不得不为自己进行辩解。他们必须证明自己那无关痛痒的论点的必要性，同时又要显得充满智慧。没有什么场景比这更有意思的了：眼看那个人绞尽脑汁，拼命地为一个毫无根据的论点进行辩护，同时还要试图让自己听起来机智过人。

因为论点是基于事实的，而逻辑可以解释这些事实，因此，直接指出他们的疑问并要求他们解释就是一个制胜的策略。十有八九，这些人会竹篮打水一场空。散播怀疑的种子这种伎俩，会让他们栽一个大跟头。

澄清式的问题

有时候,你会遇到一些人,他们的首要目的似乎就是找你的茬,跟你唱反调。没有什么特别的缘由,因为有些人就是看到你就想找你的麻烦。

不管你说什么,他们都会反唇相讥,挑你话里的毛病。如果遇到这样的人,你最好的自卫方法就是用澄清式的问题压倒他们。当一个人对你说的话提出质疑时,他们基本上就是在断言。断言需要基于某样东西,否则的话,它们就只是观点而已。但是,当某个人在断言的时候,他通常会把它作为事实提出。

这么说来,如果那人说的是事实,那么证据和支撑又在哪儿呢?这时,你的澄清式问题就可以派上用场了。既然他们断言某件事是事实,他们就必须担负起证明自己正确的责任。直接追问他们为什么认为自己是对的,有什么证据。让他们阐明自己和你针锋相对的立场。

是什么让他们觉得自己是对的,而你是错的呢?

哦，你能告诉我为什么我说错了呢？
你是在哪儿看到的呢？
还有，那项研究是哪一年发表的呢？
那个作者所说的真的站得住脚吗？
那你为什么认为这和我说的互相矛盾呢？
到底是哪个部分说的？它说了什么？
那么为什么我说错了呢？
我的逻辑哪里出了问题呢？

如果做得好，你实际上是把对方逼进了一个语言上的死胡同，迫使他们承认自己的无知。

嗯，我记不太清了……
那不是我的意思……
好吧，你说的也是对的……

许多人在评判别人的立场时，会露出一副自以为是的样子。他们随意抛出各种各样的标签，比如用词不准、大错特错、神经搭错、夸大其词或愚昧无知。他们完全有权利这么做。但你也有权利通过澄清式的问题，将举证的责任转移到他们身上。通常，他们自以为是的样子很快就会消失。

他们声称你的主张错了？那就让他们摆出证据，仔仔细细地解释清楚为什么他们认为你错了。你在进行抨击,但你没有直接攻击你的对手。最好你能把话说得很简单,说你只是想了解他们的观点。

交给他们一个任务,让他们把反对意见加以合理化的说明,这样你就可以逐一进行答复。这么做实际上对你是有利的,因为这样你就有机会进一步阐明你的立场了。

如果人们在没有任何理由或证据的情况下攻击你,这就是一种情绪化的表现。思考能力弱的人经常会情绪化地说话。他们会先将自己的不满和不快一吐为快,如果他们还有逻辑,之后才会讲出来。他们说不出自己的理由。他们只是觉得应该是那样,而这么做对任何人都毫无裨益。

带上一点逻辑,利用这个机会提一些澄清式的问题。那些无法支撑自己质疑观点的人,最后将无地自容。

向上社交

打倒"稻草人"

这个辩论策略也许你很熟悉,甚至可能还使用过。

"稻草人辩论法"通过将论点进行过度的简化、极端化,然后对这种形式的论点进行抨击来找到其中的瑕疵。这个极端化的版本就是那个稻草人,它和实际的论点完全不同,让你甚至没有意识到,你据理反驳的只是一些无关紧要的东西。

因此,你实际上并不是在抨击对方实际提出的论点,而只是在抨击表面上相似的伪装版本。它歪曲了原来的论点,使之不再成立。举个例子:

约翰:"我不太喜欢鸟。"
鲍勃:"所以你希望鸟类灭绝是吗?这什么时候才可能会发生呢?等到哺乳动物灭绝的时候吗?"

第二个人完全曲解了第一个人的话,并歪曲了对方的立场。这就是稻草人的起源——一个反对者提出反对的论点,但它们是虚假的,因此称其是用稻草做的。它是假的，凭空捏造的，风一吹就倒。

鲍勃提出了一个很容易进行反驳的观点，并希望约翰不会太留意到其中的区别。稻草人故意曲解别人的意思，然后对那些话进行揶揄。好在，稻草人的狡辩对你来说通常是容易识破，也容易击败的。

如果你不确定与你狭路相逢的是不是稻草人，只要问问自己这些问题：我想表达的观点是什么呢？那个所谓的稻草人所说的，真的是最终的结论吗？

答案很有可能并不是，因此你可以指控他篡改原话，曲解原意，歪曲事实。更重要的是，你可以让大家知道，对方用了这种稻草人的办法，是因为他们无法与你公平抗衡。稻草人十分影响人的情绪，因为他们太常见了，社交网站上到处都是他们花样百出的各种形式。

记住，别人使用这种方法的唯一目的，就是让你出洋相。他们故意撒谎，歪曲你的立场，这样他们就能对你进行碾压式的打击。这种时候，他们针对的不是这个论点，而是你这个人。不要害怕发生冲突，大胆地说出来。

本章主要知识点

◎ 自我防御总有停下来的时候，而有时，一次漂亮的进攻就是最好的防御。因此，本章讨论了一些攻击别人、躲避别人攻击的通用方法，让你在辩论中的大多数时候都能取胜，以达到自己的目的。

◎ 针对争论和主动进攻，有很多很好的实用的办法。不可否认的是，其中的一些方法是为了让交流少些火药味。首先，要将情绪问题和情境问题分开处理。其次，运用询问、确认和协力的三步法。最后，不要进行消极的评价，用"我觉得"这样的表述来表明你受到的影响。

◎ 人身攻击是一种软弱的表现，这种方法针对的是某个人本身，而不是他们的观点。这是情绪化的，也毫无逻辑可言。

◎ 一味追求完美是指在你的论证中有个能毁掉全局

的漏洞，但这个漏洞往往是荒谬可笑的。

◎ 散播怀疑的种子是指你指出了别人论证中的漏洞，但这么做的目的是要破坏他们对这一论点的信心。

◎ 澄清式的问题就是让你变成一个能戳穿别人的主张和观点的老学究。

◎ 打败稻草人是指你要确认一个稻草人的论点，并把它公之于众。或者，你也可以自己去打造一个稻草人。

后 记

多年来,凯尔一直是我的"眼中钉",有时我甚至一想到出门会遇见他就会焦虑。你可以为冲突的发生做好准备,但无论怎么准备,你还是不希望冲突发生,尤其是有关私人恩怨的那种。

然而,从各种角度来说,学会和这样的人打交道对你十分有益。我们不一定非要和这样的朋友交流。

但是,如果你面对的是这样的上司、同事或丈母娘,该怎么办呢?该怎么把他们变得好相处一些,甚至把他们发展成身边的好战友呢?

更重要的是,你该怎么化解危机,保护自己,获得应得的尊重呢?

这里涉及的细枝末节很多,我希望这本书至少教会了你一些。

现如今,凯尔和我已经成了好朋友,但这并不是最重要的,也不是我的终极目标。以前,每一天我都盯着一扇紧闭的用金刚石做的门。那扇门不是我硬着头皮就能顺利打开的。

而谈话技巧就是我用来撬开那扇大门的工具,它让友谊和对话成为现实。有时候你需要的,只是一个机会!即便是世界上非常受欢迎的电影明星汤姆·汉克斯(Tom Hanks)也会被人诋毁,而我们所追求的,就是最好的自己。

你诚挚的好友
帕特里克·金
社交专家
www.PatrickKingConsulting.com

又及:如果你喜欢这本书,请别害羞,给我写信,留言评论,亦可两者兼而有之!我喜欢阅读反馈意见,因此,欢迎你们随时评论,不胜感激。

关于演讲和指导

在本书的内容之外,你还可以极大地改善你与这个世界的互动方式,让你建立更高质量的人际关系。

联系帕特里克,他可以:

在您的公司举办一场社交技能研讨会。
就谈话和个人魅力的力量发表演讲。
为您量身定制社交技能和谈话技巧方面的指导。

帕特里克在世界各地发表演讲,通过提升人们的社交技能帮助其建立起更好的社会关系,以此来改善人们的生活质量。他是公认的行业专家、畅销书作者和演说家。

如果想邀请帕特里克在您的下一场活动上演讲，或是想询问有关指导的详情，请直接通过他网站上的联系方式来取得联系：

http://www.PatrickKingConsulting.com/contact。

亦可通过电邮与他直接联系：

Patrick@patrickkingconsulting.com。